Marcus Müller

Digitaler Werkzeugkasten für die Sekundarstufe

Kollaboration, Kommunikation, Kreativität und kritisches Denken mit digitalen Tools fördern

Marcus Müller ist Seminarrektor in der Landeshauptstadt München, neben seiner Tätigkeit als Seminarleiter betreut er Studierende der Informatik an der Hochsschule Augsburg bei studentischen Projekten im schulischen Kontext.

1. Auflage 2023

AAP Lehrerwelt GmbH
Veritaskai 3
21079 Hamburg
Telefon: +49 (0) 40325083-040
E-Mail: info@lehrerwelt.de
Geschäftsführung: Christian Glaser, Sandra Saghbazarian, Robin Schlenkhoff
USt-ID: DE 173 77 61 42
Register: AG Hamburg HRB/126335

Wir verwenden in unseren Werken eine genderneutrale Sprache. Wenn keine neutrale Formulierung möglich ist, nennen wir die weibliche und die männliche Form. In Fällen, in denen wir aufgrund einer besseren Lesbarkeit nur ein Geschlecht nennen können, achten wir darauf, den unterschiedlichen Geschlechtsidentitäten gleichermaßen gerecht zu werden.

Autorschaft: Marcus Müller
Redaktion: Merle Schlüter
Covergestaltung: TSA&B Werbeagentur GmbH, Hamburg
Coverfoto: vegefox.com / stock.adobe.com (163673048)
Screenshots: Marcus Müller
Satz: Satzpunkt Ursula Ewert GmbH
Druck und Bindung: Esser printSolutions GmbH, Bretten

ISBN: 978-3-403-10738-5
www.scolix.de

Vorbemerkungen für Ihren Unterricht mit dem digitalen Werkzeugkasten

Der digitale Werkzeugkoffer für die Sekundarstufe beinhaltet eine Beschreibung von Tools, die das Lernen im Zeichen der 4Ks anbahnen und unterstützen. Im Vordergrund stehen dabei Webanwendungen, die die Kommunikation und Kollaboration in der Klasse fördern sowie Möglichkeiten einer produktiven und kreativen Erarbeitung von Unterrichtsinhalten bieten.

Mit Anwendungen wie TaskCards oder Flinga® werden in der Handhabung einfache, aber effektive Möglichkeiten des kollaborativen Arbeitens vorgestellt. Mit dem Tool TaskCards können Sie beispielsweise Arbeitsmaterialien digital bereitstellen, externe Tools integrieren und die Aufgaben Ihren Lernenden individuell differenziert zukommen lassen. Die Integration von Lernspuren bietet Ihren die Möglichkeit, das Lernen in Zusammenhängen – multimedial gestützt und motivierend – bei Ihrer Klasse anzubahnen. Dadurch wird ein gehaltvolles Durchdringen des Unterrichtsstoffes ermöglicht.

Ferner werden Anwendungen vorgestellt, die vielfältige Möglichkeiten eines schülerzentrierten sowie handlungsorientierten Lernens bieten. Durch die Erstellung beispielsweise von Erklärvideos oder der Erarbeitung von „Digital Storys" werden die Lernenden dabei gefördert, sich auf kreative Weise mit Unterrichtsinhalten zu beschäftigen, diese zu durchdringen und produktiv darzustellen.

Eine ausführliche Beschreibung von Feedbacktools lädt Sie dazu ein, die Feedbackkultur in Ihrem Unterricht weiterzuentwickeln und Ihren Lernenden auf einfache Art eine gehaltvolle Rückmeldung zur geleisteten Arbeit zu geben.

Im Rahmen eines kompetenzorientiert ausgerichteten Unterrichts kommt der Präsentation von erarbeiteten Inhalten eine besondere Bedeutung zu. Die vorgestellten Tools ermöglichen es Ihnen und Ihren Lernenden, unterrichtliche Themen zu strukturieren, kreativ und anschaulich aufzubereiten und einem Publikum digital zu präsentieren.

Weiterhin werden im vorliegenden Werk Anwendungen vorgestellt, die das spielerische Festigen von Unterrichtsinhalten fördern und zugleich die Lernenden zur Produktion eigener Aufgabenstellungen zu unterrichtlichen Themen motivieren.

Gerade in der heutigen, oftmals von Desinformation geprägten Zeit ist es von besonderer Bedeutung, die Lernenden zum kritischen Konsum sowie zur verantwortungsbewussten Weitergabe von Informationen (vor allem in sozialen Netzwerken) zu befähigen. Mit den hier vorgestellten Tools sollen die Lernenden für diese Thematik sensibilisiert werden.

Es ist davon auszugehen, dass Formen der künstlichen Intelligenz (KI) zukünftig Lehr- und Lernprozesse stark verändern werden. Am Beispiel des Chatbots ChatGPT® sollen Einsatzmöglichkeiten sowie Grenzen der Nutzung von KI aufgezeigt werden.

Wenn Sie sukzessive einzelne digitale Elemente in Ihren Unterricht einbauen und den Grundsatz beachten, dass digitale Tools nie zum Selbstzweck eingesetzt werden sollen, sondern Hilfen zur Gestaltung eines modernen, produkt- und kompetenzorientierten Unterrichts darstellen, können Sie die Kompetenzen Ihrer Lernenden im Sinne der 4Ks optimal fördern.

Viel Freude beim Einsatz der Anwendungen wünscht Ihnen

M. Müller

Das 4K-Modell des Lernens

Das 4K-Modell basiert auf den Ergebnissen der US-amerikanischen Initiative P21 (Partnership for 21st Century Learning). Diese Initiative setzt sich aus Fachleuten aus Wirtschaft, Bildung und Politik zusammen, mit dem Ziel wichtige Aspekte von Bildung im digitalen Zeitalter zu beschreiben. Daraus resultierend ergab sich das 4K-Modell, das vier Kompetenzen beschreibt, die Lernenden als Grundlage für selbstgesteuertes Lernen dienen sollen und sie auf die veränderte Arbeitswelt im 21. Jahrhundert vorbereiten sollen.

Kommunikation, Kollaboration, Kreativität und kritisches Denken

Seit 2013 hat das 4K-Modell Einzug in die deutsche Bildungsforschung gehalten und wird seitdem kontrovers diskutiert. Diese vier Kompetenzen stellen die Grundlage für ein selbstgesteuertes Lernen dar und sind mit dem Erwerb von Wissen verbunden. Nach der Bildungsforscherin Lisa Rosa sind die einzelnen Kompetenzen nicht isoliert voneinander zu sehen, sondern sind eng miteinander verzahnt und bedingen sich gegenseitig. Dabei fokussiert das 4K-Modell den Kompetenzerwerb angesichts neuer, globaler Herausforderungen mit klarem Bezug zu den Lernenden.

Unterrichten nach dem 4K-Modell

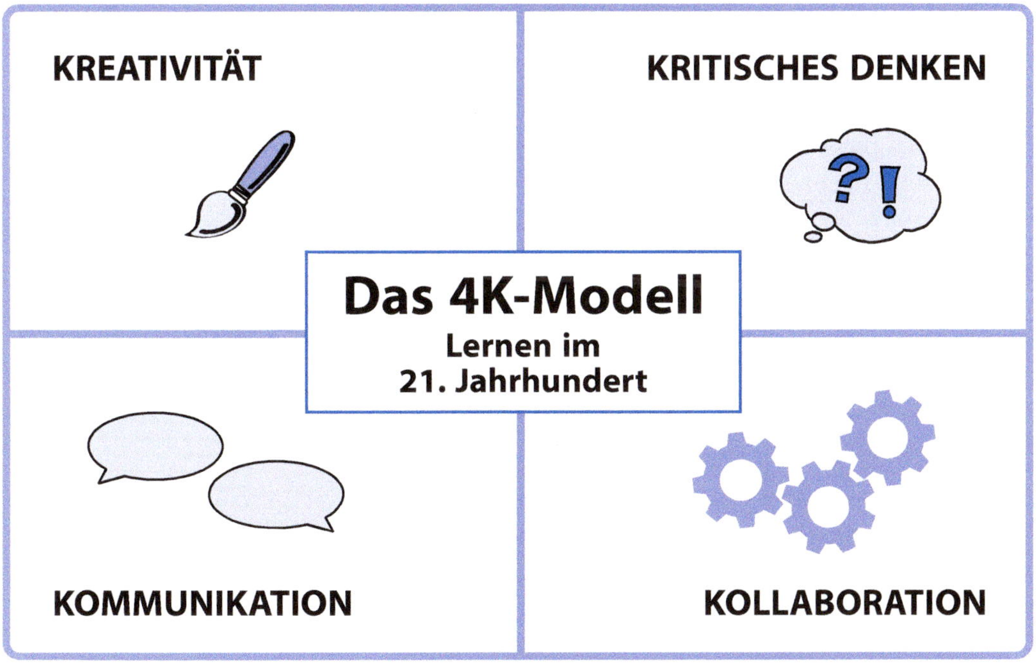

Abbildung: Das 4K-Modell

Bedeutung der vier Kompetenzen für den Unterricht

Kommunikation und Kollaboration

Kommunikation und Kollaboration sind eng miteinander verknüpft bzw. bedingen sich gegenseitig. Beide Kompetenzen sind die Basis für ein teamfähiges Agieren und somit als Schlüsselkompetenzen des 21. Jahrhunderts zu sehen.

Wichtige Aspekte eines die Kommunikationskompetenz fördernden Unterrichts sind:
- kooperative Lernformen
- eine gehaltvolle Feedbackkultur
- eine grundlegende Präsentationskompetenz

Durch den Einsatz von digitalen Medien im unterrichtlichen Kontext und den damit verbundenen Möglichkeiten des Zusammenarbeitens ist der Begriff des kollaborativen Lernens bzw. der kollaborativen Kompetenz entstanden. Diese Kompetenz ist für einen digital gestützten Unterricht von zentraler Bedeutung.

Kreativität

Wenn die Kreativität der Lernenden gefördert werden soll, ist es notwendig, offene Unterrichtsformen und Aufgabenstellungen zu generieren, die Raum für kreative Problemlösungen geben.

Kreativität wird definiert als Fähigkeit zu originellen (= nicht häufigen), produktiven (= schöpferischen) und nützlichen (= zweckdienlichen) Leistungen. Es gibt Formen von künstlerischer, literarischer oder wissenschaftlicher Kreativität, aber auch solche von durchführungstechnischer oder methodologischer Art (Lexikon.stangl.eu, 2022)[1].
Kreativität ist in diesem Kontext eine entscheidende Kompetenz, die Lernende für das 21. Jahrhundert erlangen sollten, denn sie ist notwendig, innovative Lösungen für Probleme zu finden. In einer zunehmend technisierten Welt, die durch den Einsatz von Maschinen oder Automatisierung geprägt ist, kommt menschlicher Kreativität eine besondere Bedeutung zu.

Dabei geht es nicht darum, Neues zu erschaffen oder Ideen zu entwickeln, die die Welt noch nicht gekannt hat, sondern ein wesentlicher Aspekt ist, dass Lernende etwas denken können, das sie selbst zuvor noch nicht gedacht haben. Kreativität in diesem Sinne bedeutet also Neues denken können, das nicht für die Welt neu ist, sondern neu für das jeweilige Individuum. Das kann ein neuer Blickwinkel sein, ein neuer Ansatz, der vorher noch nicht existierte: kritisches Denken.

Kritisches Denken wird oft vereinfacht mit „Kritik äußern" gleichgesetzt. Dabei geht die Fähigkeit des kritischen Denkens weit darüber hinaus. Unter kritischem Denken versteht man eher, wie ein Naturwissenschaftler, eine Philosophin oder Historikerin zu denken statt reines Fakten- und Formelwissen zu äußern.

---

[1] Stangl, W. (2022, 4. September). Kreativität. Onlinelexikon für Psychologie und Pädagogik. https://lexikon.stangl.eu/542/kreativitaet.

Kritisches Denken ist dabei durch folgende Attribute gekennzeichnet:

- vernunftgeleitet
- gesteuert
- reflektierend
- logisch und systematisch vorgehend
- Fähigkeit mit Komplexität umzugehen

Die Fähigkeit des kritischen Denkens sollte Heranwachsende vielmehr in die Lage versetzen, selbstständig zu lernen, zu arbeiten und zu denken. In der Informationsflut durch die digitale Welt benötigen sie kritisches Denken, um Fakten von Meinungen zu unterscheiden und diese zu verifizieren bzw. falsifizieren. Vielfältige Lösungswege, offene, authentische Aufgabenstellungen und Dilemmata unterstützen die Lernenden beim kritischen Denken.[2]

Die Förderung von kritischem Denken der Lernenden stellt somit einen zentralen Kern des deutschen Schulsystems dar. Eng verbunden mit kritischem Denken ist die Förderung von reflektierenden Verhaltensweisen sowie der erfolgreiche Transfer auf neue Kontexte.

Die rechts stehende Darstellung von Jöran Muuß-Merholz verdeutlicht zusammenfassend die pädagogische Bedeutung der vier Kompetenzen.

Insbesondere durch den Einsatz digitaler Medien im Unterricht können diese vier Kompetenzen bei den Lernenden angebahnt und gefördert werden. Sofern digitale Unterrichtselemente nicht um ihrer selbst willen, sondern in einer sinnvollen Kombination mit analogen Unterrichtsmedien Anwendung finden, können sehr gewinnbringende Unterrichtsszenarien im Zeichen der 4Ks generiert werden. Für die Gestaltung des Unterrichts ergeben sich daraus folgende Grundsätze:

1. zielgerichtete Digitalisierung von Unterricht („ergänzen" statt „ersetzen")
2. Unterricht öffnen (problemorientiertes, ergebnisoffenes Lernen, Raum für Diskussionen)
3. Unterrichtsthemen digital aufwerten, die digitale Welt ins Klassenzimmer holen
4. produktorientiertes und projektorientiertes Arbeiten
5. Mitbestimmung zulassen
6. Installation einer gehaltvollen Feedbackkultur (Feedback einfordern und geben)
7. verschiedene Lösungswege zulassen

Abbildung: „Was die Leute für 4K halten – und was es wirklich ist" nach Jöran Muuß-Merholz

[2] https://www.mebis.bayern.de/infoportal/mediendidaktik/theorie/das-4k-modell/#sec1 (abgerufen am 04.09.2022)

1 Vorbereitende Lernumgebung und Stundeneinstieg

1.1 Der Classroomscreen – Unterricht organisieren

Der Classroomscreen ist eine barrierefreie, browserbasierte Anwendung für den Unterrichtsalltag, mit dem eine Stunde oder der gesamte Unterrichtstag sehr anschaulich am interaktiven Whiteboard strukturiert werden kann. Sie müssen sich weder registrieren noch eine Anwendung herunterladen.

In der kostenfreien Version können Sie folgende Werkzeuge nutzen:

- Zufallsgenerator
- Arbeitssymbole für Partner- oder Gruppenarbeit sowie Stillarbeit
- Timer und Stoppuhr, Kalender
- QR-Code-Generator (hiermit können Sie z.B. QR-Codes erzeugen und Ihre Klasse mittels Smartphones zu weiteren Internetseiten leiten)
- ein einfaches Whiteboard für Text und Zeichnungen
- die Möglichkeit, Medien zu verlinken (z.B. YouTube®-Videos, Bilder, Webcam)
- die Funktion „Exit Poll", mit der Sie Ihre Lernenden am Whiteboard oder an einem Tablet im Klassenzimmer zu einem bestimmten Thema abstimmen lassen können

Eine kostenpflichtige Version (ca. 26 €/Jahr) bietet Ihnen weitere Möglichkeiten, wie z.B. die Speicherung einzelner Classroomscreens oder die Speicherung von mehr als drei Namenslisten

Abbildung: Classroomscreen[3]

[3] https://classroomscreen.com (abgerufen am 04.03.2023)

1.2 Spin the Wheel® – das Glücksrad mit vielen Einsatzmöglichkeiten

Das Glücksrad (https://spinthewheel.io) ist eine browserbasierte und kostenfreie Anwendung, mit der Sie ohne Vorkenntnisse Glücksräder generieren können. Diese lassen sich hervorragend in unterschiedlichen unterrichtlichen Szenarien einbauen, wie z.B.:

- der zufälligen Namensauswahl
- dem Wiederholen von Vokabeln
- dem Wiederholen von Unterrichtsstoff (Länder, Klimazonen, Fachbegriffen usw.)

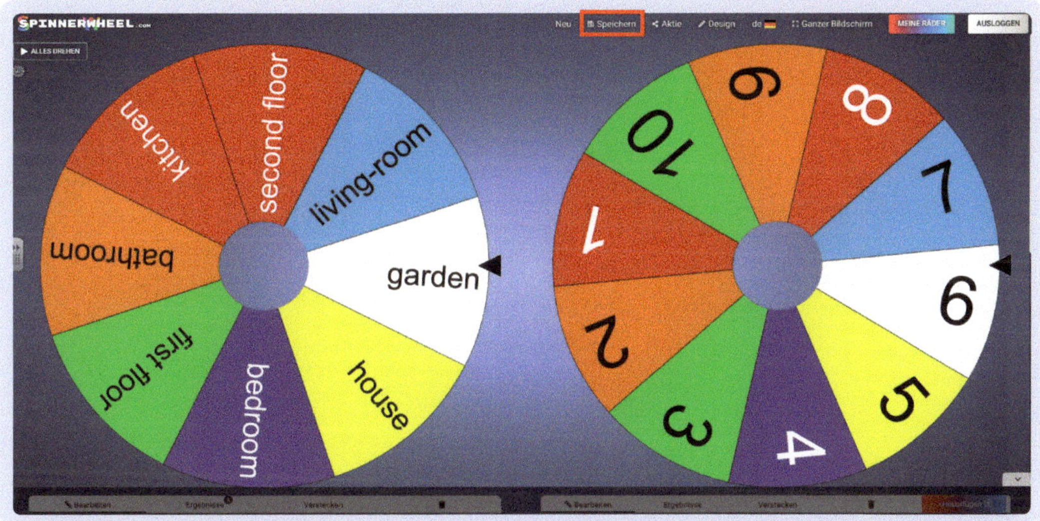

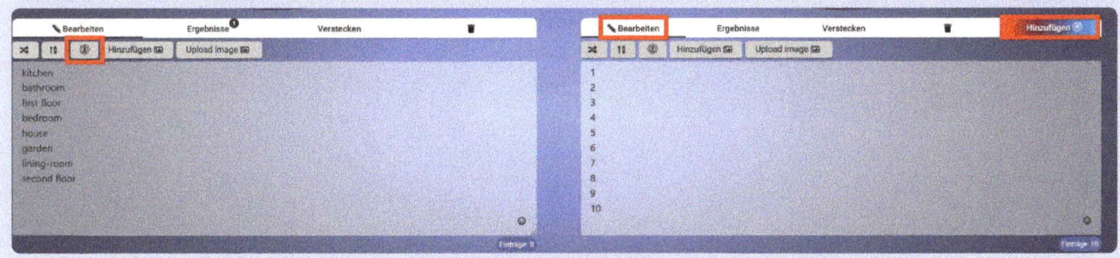

Abbildung: Spin the Wheel®[4]

Mit nur wenigen Klicks können Sie Ihr Glücksrad erstellen und anpassen:

[4] https://spinthewheel.io (abgerufen am 26.04.2023)

Speichern: Sofern Sie sich über Ihren Google®-Account anmelden, haben Sie die Möglichkeit, die Glücksräder zu speichern und zu teilen.

Zahnradsymbol: Hier können Sie Ihr Glücksrad selbst gestalten (Töne und Geräusche, Gewinnereffekte, Bilder usw.).

Bearbeiten: Über diesen Button können Sie Ihr Glücksrad mit Inhalten füllen (Zahlen, Namen, Begriffe usw.). Es steht Ihnen auch eine Bildbibliothek zur Verfügung, aus der Sie Bilder in das Glücksrad integrieren können.

Hinzufügen: Hier können Sie weitere Glücksräder erstellen.

2 Kollaboration und Kommunikation

Digitale Kommunikation und Kooperation ist ein wichtiger Bestandteil in der Lebenswelt der Lernenden. Kinder und Jugendliche nutzen regelmäßig soziale Netzwerke und digitale Kommunikationsplattformen zum Austausch. Dabei sind sich die Lernenden häufig nicht über die Besonderheiten und Auswirkungen dieser Kommunikationsformen bewusst.

Zielgerichtet eingesetzte Tools zur Kommunikation und Zusammenarbeit bieten neben dem Erlernen eines adäquaten Sozialverhaltens ein großes Potenzial zur inhaltlichen Auseinandersetzung mit unterrichtlichen Themen und einer gemeinsamen Suche nach Lösungen für Fragen und Probleme.

Der Einsatz entsprechender Tools im Unterricht kann auf sehr vielfältige Weise geschehen, wie z. B.:

- kollaboratives Arbeiten an einem Thema über einen längeren Zeitraum und außerhalb des Präsenzunterrichts
- selbstgesteuertes Arbeiten (z. B. TaskCards, Lernspuren)
- Einholen von Vorwissen der Lernenden
- Evaluation des eigenen Unterrichts
- Feedback unter Lernenden
- Präsentation von Unterrichtsergebnissen
- Verknüpfung von analogen und digitalen Inhalten
- Demokratielernen im Klassenzimmer (Abstimmung)
- Audiofeedback statt Wortgutachten

2.1 TaskCards – die digitale Tafel und Pinnwand

Digitale Pinnwände als Lerntheke, Wochenplan oder zur kollaborativen Arbeit mit Lernenden sowie mit Kolleginnen und Kollegen – die Einsatzmöglichkeiten von TaskCards im Unterricht sind vielfältig und für jedes Fach geeignet.[5]

TaskCards ist eine browserbasierte Anwendung, mit der Sie Informationen und Aufgaben bereitstellen können, sowie Unterrichtsinhalte strukturieren und visualisieren können. Durch eine einfache Bedienung dieser Pinnwand per Drag & Drop können Sie zudem in Echtzeit mit Ihren Lernenden zusammenarbeiten, digitale Medien wie Audios oder Videos einbetten bzw. verlinken oder ganze Lernspuren erstellen.

5 https://fobizz.com/taskcards-digitale-pinnwande-fur-den-unterricht/ (abgerufen am 21.04.2022)

Die Anwendung ist sehr an die Funktionalitäten des Tools Padlet® angelehnt. Der Vorteil gegenüber Padlet besteht vor allem darin, dass es auf deutschen Servern gehostet wird und somit datenschutzkonform ist.

TaskCards kann in der freien Version (zwei Pinnwände und 10 MiB Upload) kostenlos genutzt werden. Neben einer Basis-Lizenz für 30 € jährlich (sechs Pinnwände, 100 MiB Upload) wird für Lehrkräfte und Mitglieder von Bildungseinrichtungen die Pro-Lizenz (Pinnwände unbegrenzt, 250 MiB Upload) für 60 € jährlich oder 9 € monatlich angeboten.

Folgende digitale Kompetenzen können Sie mit diesem Tool anbahnen:

1. Suchen, Verarbeiten und Aufbewahren
2. Kommunizieren und Kooperieren
3. Produzieren und Präsentieren

Im Folgenden soll die Erstellung von Pinnwänden erläutert werden:

Pinnwände erstellen und ordnen

Auf dem Dashboard haben Sie einen Überblick über Ihre Pinnwände. Mit dem „+"-Button können Sie neue Ordner erstellen oder neue Pinnwände anlegen.

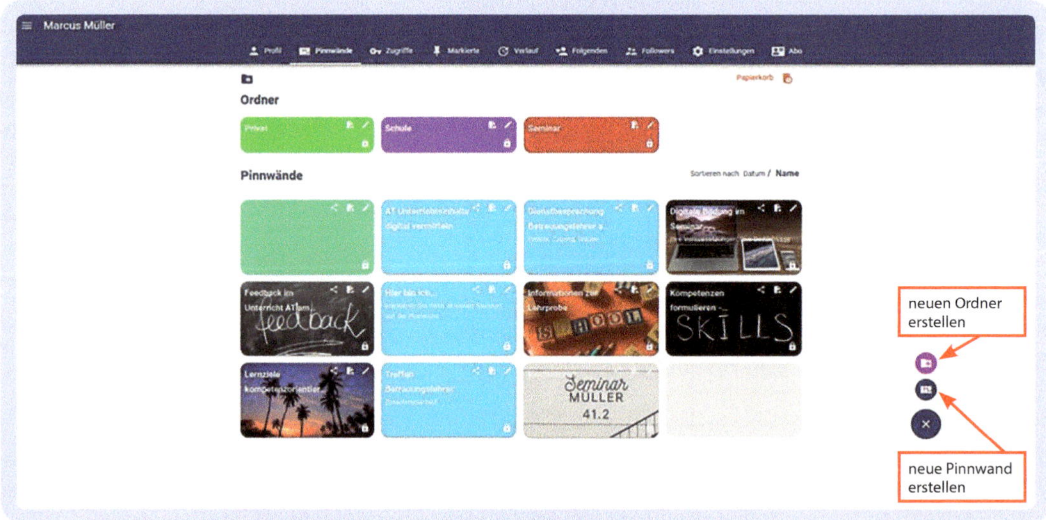

Abbildung: TaskCards[6]

6 https://www.taskcards.de (abgerufen am 04.03.2023)

1. Pinnwandarten

Derzeit stehen fünf verschiedenen Pinnwandarten zur Auswahl **(Pinnwand, Zeitstrahl, Tafel, Weltkarte, Blog)**. In einfachen Schritten können Sie jede neu erstellte Pinnwand anpassen:

- ➔ Benennung und Beschreibung
- ➔ Hochladen eines Hintergrundbildes, Wahl der Hintergrundfarbe
- ➔ weitere Einstellungsmöglichkeiten zur Darstellung der Pinnwand/Karten

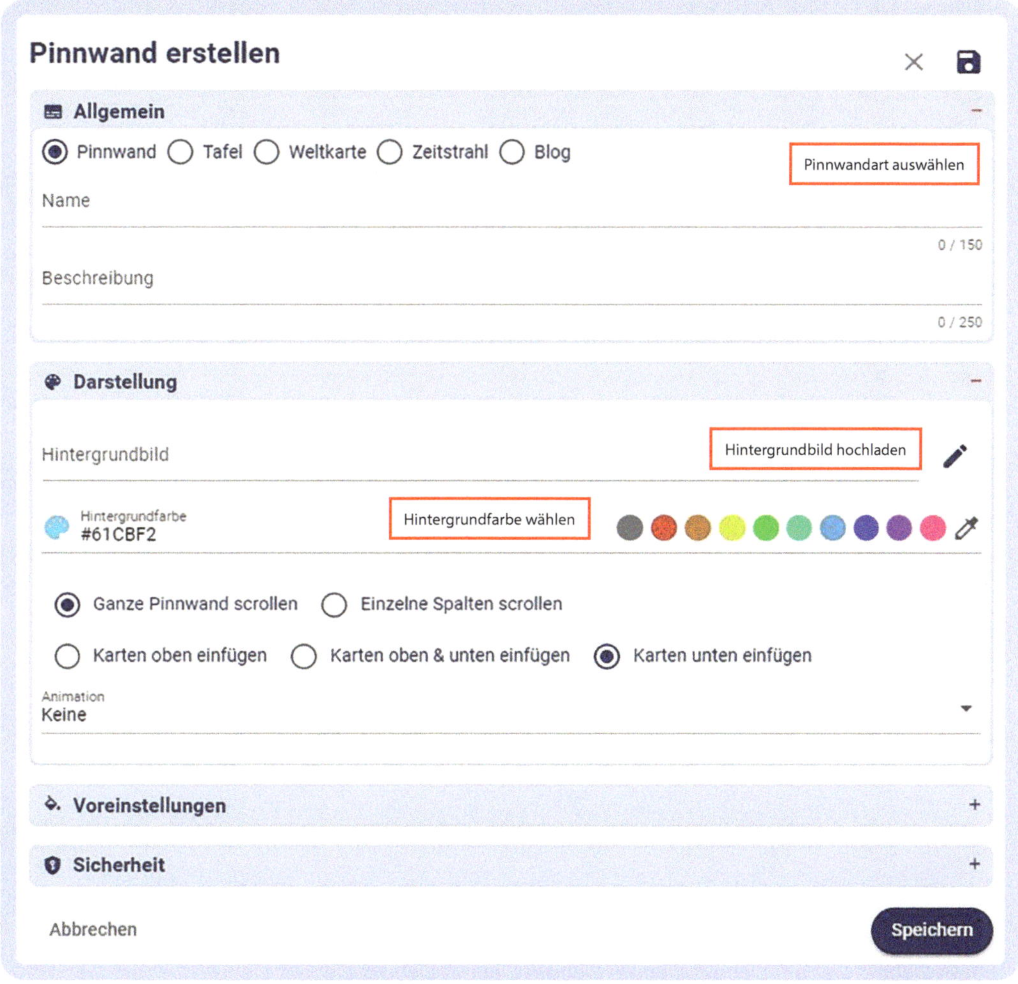

Abbildung: TaskCards Pinnwand erstellen[7]

Zudem haben Sie unter den Einstellungen „Sicherheit" folgende Möglichkeiten, Ihre Pinnwand zu sichern bzw. anderen Teilnehmern zugänglich zu machen:

[7] https://www.taskcards.de (abgerufen am 04.03.2023)

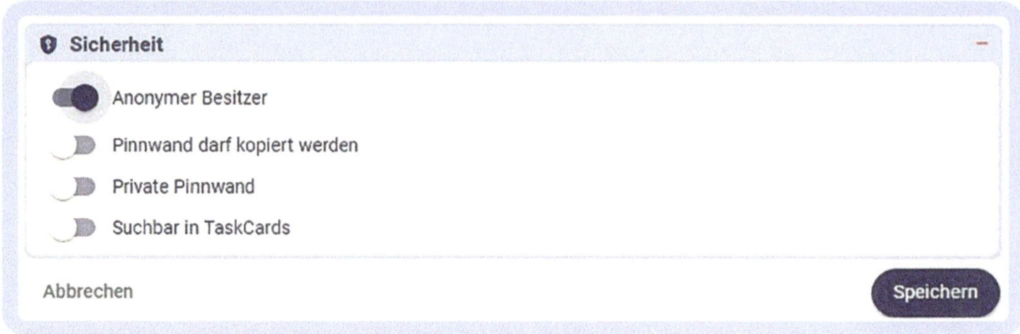

Abbildung: TaskCards Sicherheit[8]

a) **Pinnwand**

Sofern Sie die Vorlage „Pinnwand" auswählen, haben Sie die Möglichkeit, Vorlagen zu verwenden (Wochenplan, To-do-Liste, Fächer, Steckbrief).

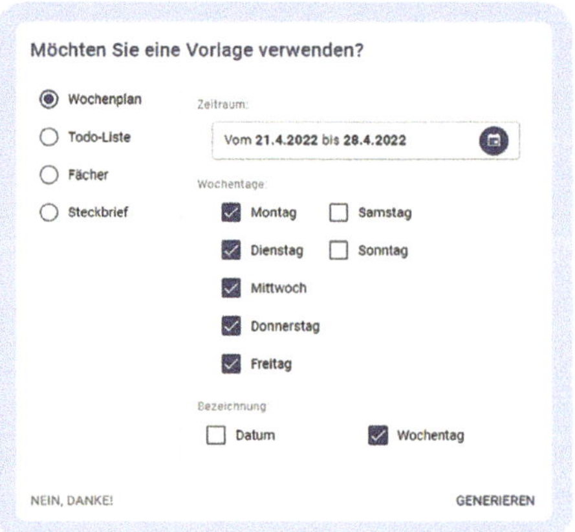

Abbildung: TaskCards Vorlagen[9]

Beispiel Vorlage Wochenplan: Hier können Sie Zeitraum sowie Wochentage wählen. Sobald Sie auf den Button **„Generieren"** klicken, erscheint die Pinnwand nach Ihren Vorgaben.

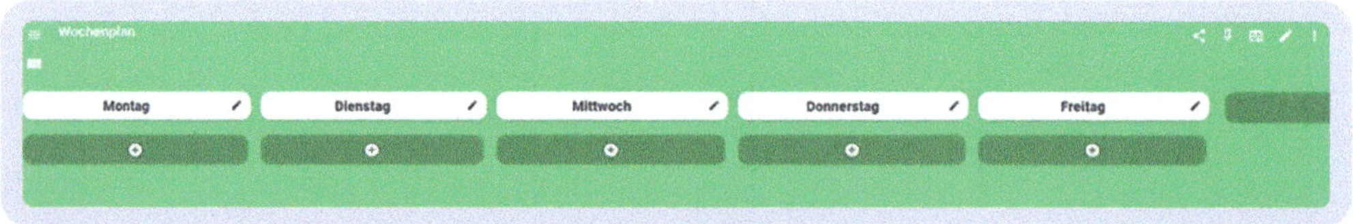

Abbildung: TaskCards Vorlage Wochenplan[10]

Analog dazu können Sie weitere Vorlagen (To-do-Liste, Fächer, Steckbrief) automatisch generieren lassen.

8 https://www.taskcards.de (abgerufen am 04.03.2023)
9 https://www.taskcards.de (abgerufen am 04.03.2023)
10 https://www.taskcards.de (abgerufen am 04.03.2023)

Die Pinnwand als offene Materialsammlung in einem Wochenplan

Am Beispiel der Vorlage „Wochenplan" soll aufgezeigt werden, wie Sie Ihre Pinnwand mit Inhalten (Karten) füllen können.

Durch das Klicken auf die jeweiligen „+"-Button können Sie Ihrer Pinnwand Karten hinzufügen, die Sie ebenfalls nach Ihren Wünschen formatieren können. Im Folgenden erhalten Sie einen ersten Überblick über die Möglichkeiten der Erstellung von Karten in einer Pinnwand. Eine detaillierte Beschreibung zur Erstellung der Karten mit allen Funktionen können Sie ab Seite 22 nachlesen.

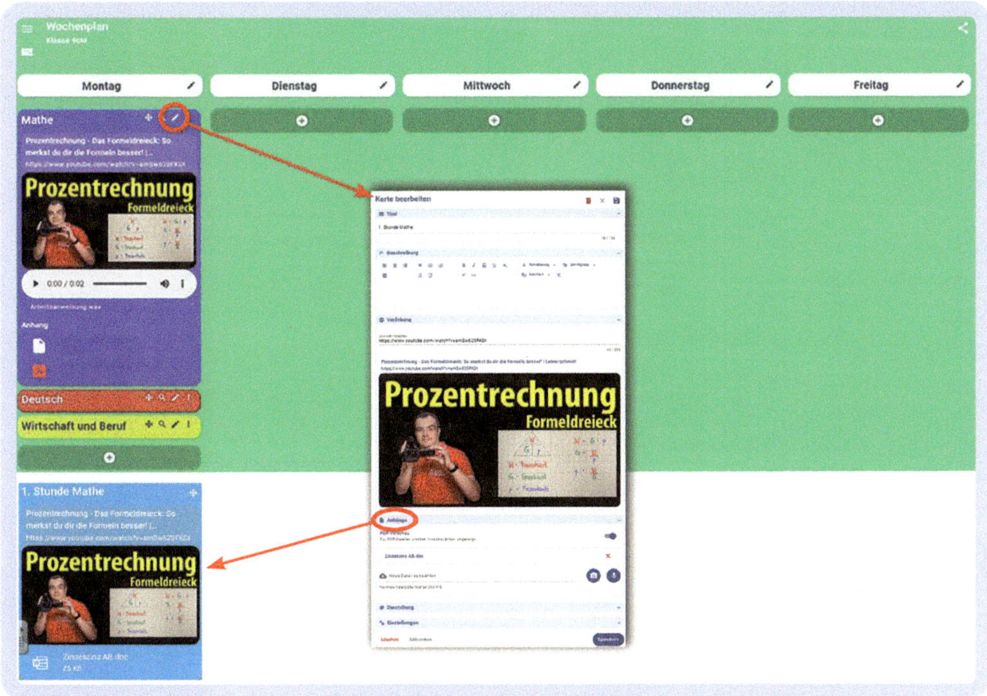

Abbildung: TaskCards Pinnwand als Materialsammlung im Wochenplan[11]

Sie können die einzelnen Karten (hier Unterrichtsfächer) nach Ihren Wünschen bearbeiten, wie z. B.:

- ➔ Videos einbetten/verlinken
- ➔ Sprachmemos aufsprechen
- ➔ Arbeitsblätter verlinken

Zudem können Sie zu den einzelnen Karten Möglichkeiten der Bewertung generieren:

- ➔ Likes
- ➔ Daumen
- ➔ Emojis
- ➔ Sterne

[11] https://www.taskcards.de (abgerufen am 04.03.2023)

Diese Form des digitalen Wochenplans ist relativ einfach in der Erstellung und Bearbeitung. Die Materialien (z. B. Text- und Bilddokumente, Videos, Sprachmemos) werden in Spalten oder festgelegten Bereichen strukturiert gesammelt und den Lernenden bereitgestellt. Diese haben somit die Möglichkeit, alle Bereiche zu sehen und (falls ein Bearbeitungsrecht vergeben wurde) zu bearbeiten und ggf. auch zu löschen.

Die Pinnwand als individuelle Materialsammlung für einzelne Lernende

Abbildung: TaskCards Pinnwand als Materialsammlung für Lernende[12]

In TaskCards können Sie einen Wochenplan wie oben erstellen, durch die Funktion „**Berechtigungen**" für einzelne Lernende nur bestimmte Bereiche freigeben und mittels eines individuellen QR-Codes oder Links zur Verfügung stellen.

Im Hintergrund liegt also der Wochenplan für die ganze Klasse, ein einzelner Schüler oder eine einzelne Schülerin sieht aber nur den für ihn/sie freigegebenen Bereich.

Eine genauere Beschreibung, wie Sie die Pinnwand teilen können und durch mehrere Zugangsschlüssel verschiedene Freigabemöglichkeiten generieren können, finden Sie auf Seite 24.

12 https://www.taskcards.de (abgerufen am 04.03.2023)

b) **Tafel**

Auf der Tafel haben Sie die Möglichkeit, die einzelnen Karten beliebig zu platzieren und miteinander zu verbinden. Hier können Sie Unterrichtsinhalte anschaulich strukturiert darstellen oder Ihrer Klasse die Option einräumen, selbst erarbeitete Ergebnisse kollaborativ und kreativ zu visualisieren. Auch hier haben Sie dieselben Möglichkeiten der Bearbeitung der einzelnen Karten wie bei der Pinnwand.

Abbildung: TaskCards Tafel[13]

[13] https://www.taskcards.de (abgerufen am 04.03.2023)

c) **Weltkarte**

Mit dieser Pinnwandart können Sie einzelne Posts (Karten) auf einer (Welt-)Karte erstellen und verorten. Den Kartenausschnitt können Sie beliebig vergrößern oder verkleinern und zwischen einer topografischen und politischen Kartenansicht wählen. Diese Pinnwand eignet sich hervorragend für die Verortung aller geografischen und gesellschaftspolitischen Themen wie Globalisierung, Krisenherde usw.

Abbildung: TaskCards Weltkarte [14]

[14] ebd. (abgerufen am 04.03.2023)

d) **Zeitstrahl**

Auf dem Zeitstrahl werden die Karten auf einer horizontalen Linie platziert. Diese Vorlage eignet sich besonders, um Unterrichtsinhalte in einem chronologischen Kontext darzustellen.

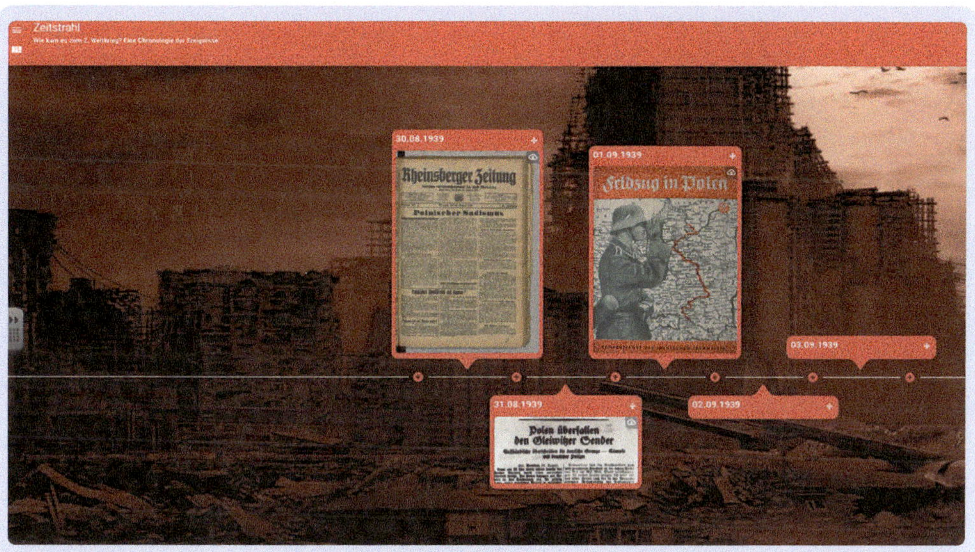

Abbildung: TaskCards Zeitstrahl[15]

e) **Blog**

Beim Blog werden die Karten in chronologischer Reihenfolge untereinander angezeigt.

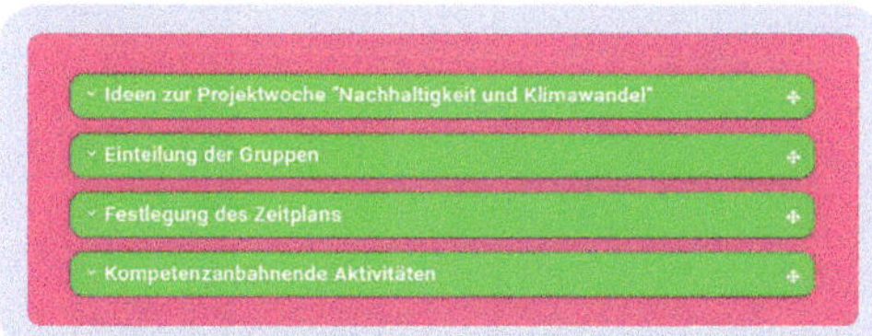

Abbildung: TaskCards Blog[16]

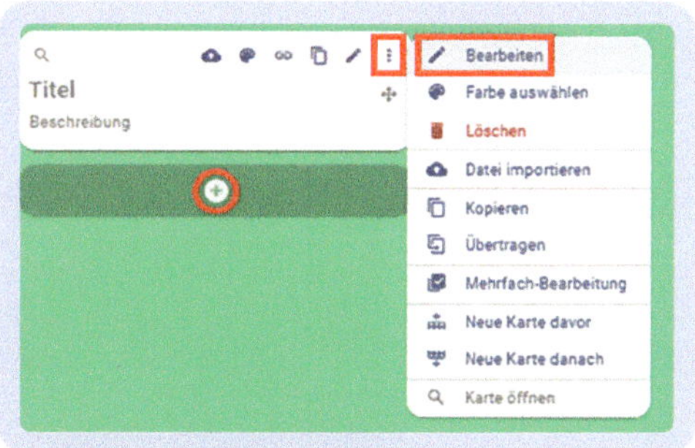

Abbildung: TaskCards Blog[17]

[15] https://www.taskcards.de (abgerufen am 04.03.2023)
[16] ebd. (abgerufen am 04.03.2023)
[17] ebd. (abgerufen am 04.03.2023)

2. Karten auf der Pinnwand erstellen und bearbeiten

Nachdem Sie sich für eine Pinnwandvorlage entschieden haben, können Sie mit dem „+"-Button neue Karten erstellen.
Klicken Sie anschließend auf die drei senkrechten Punkte und auf „Bearbeiten". Es erscheint ein neues Dialogfenster (s. Abbildung), in dem Sie die Karte bearbeiten können.
Die Karten können auf vielfältige Art bearbeitet und formatiert werden.

- ➔ Beschreibungstext formatieren
- ➔ Schrift- und Hintergrundfarbe des Eintrags wählen
- ➔ Video oder Link mit Vorschaubild einbetten
- ➔ Dateien hochladen
- ➔ Audio- und Fotoaufnahmen direkt am Endgerät machen und einbetten
- ➔ Kartengröße einstellen
- ➔ Bewertungen oder Kommentarfunktionen erlauben
- ➔ Videokonferenzfunktion aktivieren

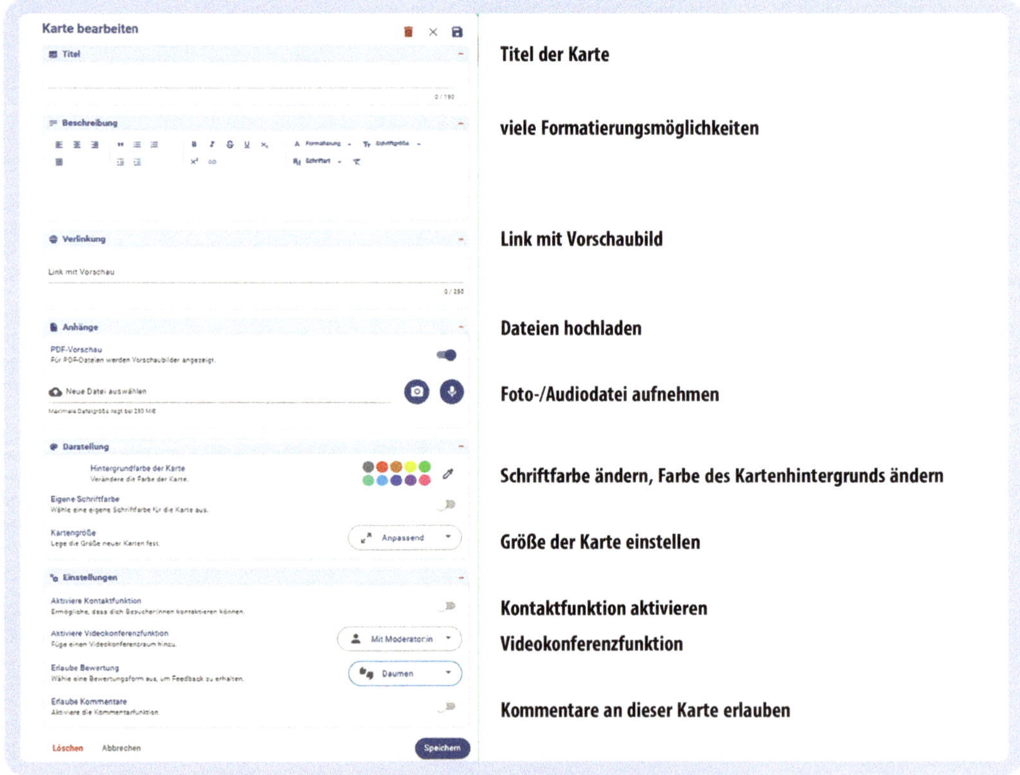

Abbildung: TaskCards Karten bearbeiten [18]

[18] https://www.taskcards.de (abgerufen am 04.03.2023)

Ist eine Karte erstellt, können Sie oder Ihre Lernenden (mit entsprechender Berechtigung) diese bearbeiten, kommentieren oder bewerten.

Karten in der Pinnwandvorlage „Tafel“

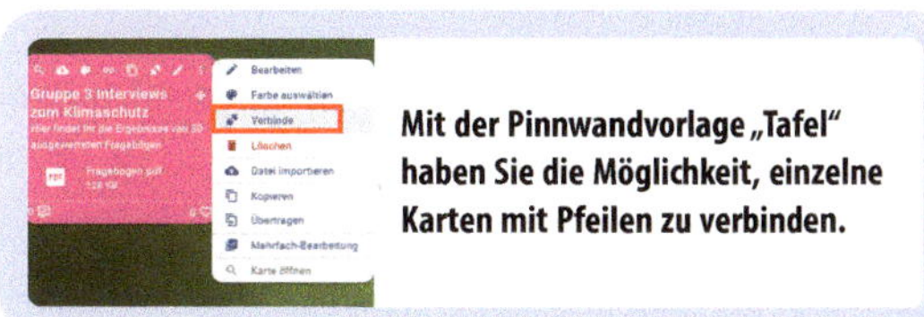

Abbildung: TaskCards Karten verbinden[19]

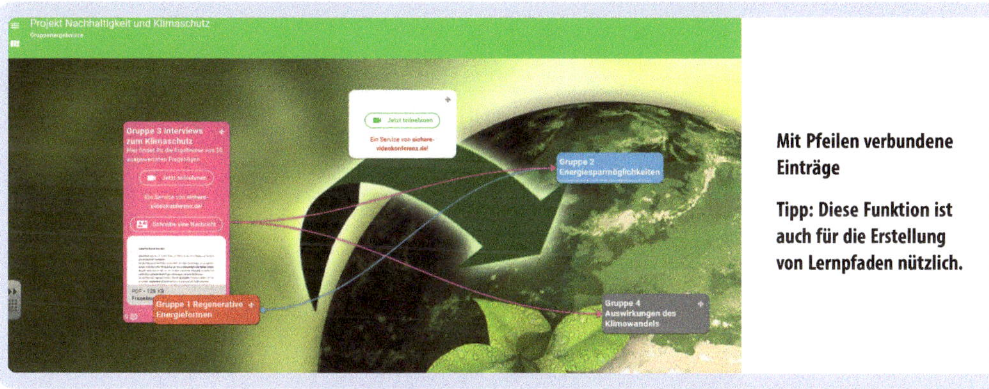

Abbildung: TaskCards Pinnwandvorlage „Tafel“[20]

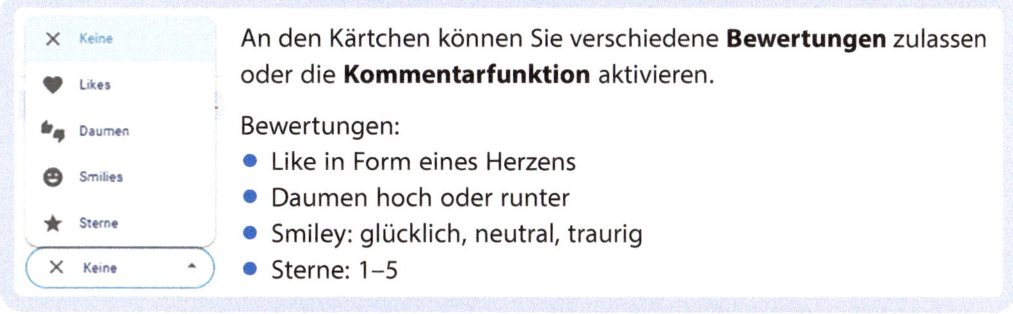

Abbildung: TaskCards Bewertungen und kommentieren[21]

[19] https://www.taskcards.de (abgerufen am 04.03.2023)
[20] ebd. (abgerufen am 04.03.2023)
[21] ebd. (abgerufen am 04.03.2023)

Kontaktfunktion
Über die Einstellungsfunktion „Aktiviere Kontaktfunktion" können Ihnen andere Nutzerinnen und Nutzer (Lernende) Nachrichten datenschutzkonform auf Ihre Mailadresse senden.
Videokonferenzfunktion
Mit dieser Funktion können Sie direkt über die Karte einer Pinnwand eine Videokonferenz starten. Diese kann wahlweise mit oder ohne Anwesenheit der Erstellerin / des Erstellers stattfinden und mit einem Mausklick in einem Browser gestartet werden. Videokonferenzen laufen über Server des Anbieters sichere-videokonferenz.de und sind somit datenschutzkonform. Mehr über integrierte Funktionen dieses Anbieters erfahren Sie auf der Seite https://sichere-videokonferenz.de/funktionen/.

3. Eine Pinnwand teilen – Freigabemöglichkeiten

Der große Vorteil von TaskCards gegenüber anderen Anbietern besteht darin, dass Sie für jede Pinnwand **mehrere Zugangsschlüssel** generieren können. Somit können Sie unterschiedliche Berechtigungen für dieselbe Pinnwand erteilen.
Grundsätzlich können Sie Berechtigungen für die ganze Pinnwand oder für einzelne Karten erstellen. Berechtigungen können sein:
- Verweigern (Karten sind nicht sichtbar)
- Lesen (Karten sind sichtbar, aber können nicht bearbeitet werden)
- Schreiben (Karten können bearbeitet und gelöscht werden)

Wenn Sie unterschiedliche Berechtigungen auf einer Pinnwand nutzen möchten, sollten Sie pro Benutzergruppe einen Zugangsschlüssel mit der gewünschten Berechtigung anlegen. Dieser Zugang kann anschließend als Schlüssel (per Mail), Link oder QR-Code geteilt werden. Dieses Vorgehen bietet sich an, wenn
- mehrere Personen an einer Pinnwand arbeiten und verschiedene Bearbeitungsrechte besitzen sollen.
- Sie Pinnwände differenziert und individualisiert gestalten wollen und Ihren Lernenden verschiedene Inhalte zukommen lassen möchten.

Berechtigungen erstellen können Sie, indem Sie in Ihrer Pinnwand rechts oben auf dieses Symbol klicken.

Abbildung: TaskCards Berechtigungen erstellen [22]

Es öffnet sich ein Dialogfenster, in dem Sie bereits erstellte Berechtigungen sehen bzw. neue Berechtigungen erstellen können.

[22] https://www.taskcards.de (abgerufen am 04.03.2023)

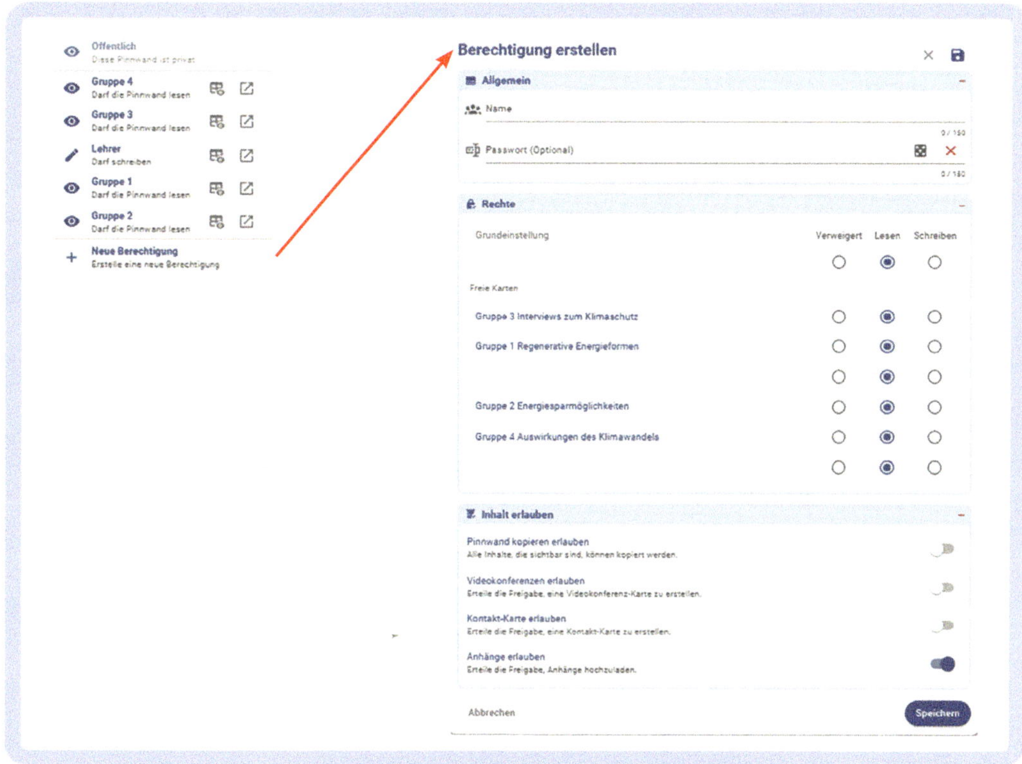

Abbildung: TaskCards neue Berechtigung erstellen[23]

Wenn Sie eine neue Berechtigung erstellen, können Sie jeder einzelnen Karte Ihrer Pinnwand Berechtigungsstufen zuordnen (Beispiel: Gruppe 4 darf die Karten aller Gruppen lesen, aber nur die eigene Karte bearbeiten.).

Wenn Sie auf die drei senkrechten Punkte klicken, sehen Sie eine Auflistung aller Berechtigungen, die Sie für Ihre Pinnwand erteilt haben.

[23] https://www.taskcards.de (abgerufen am 04.03.2023)

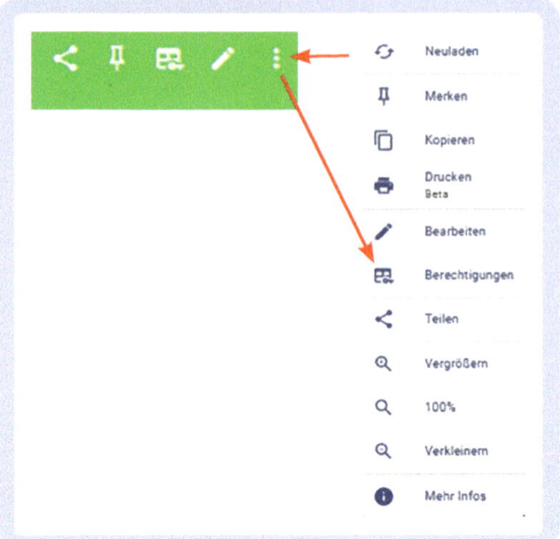

Abbildung: TaskCards Berechtigungen einsehen [24]

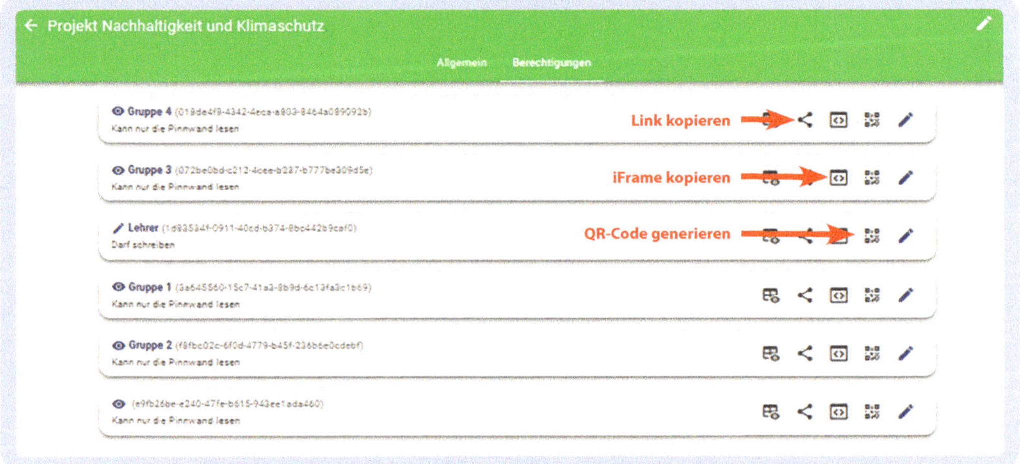

Abbildung: TaskCards Berechtigungen erteilen und bearbeiten [25]

Die Abbildung zeigt die einzelnen Berechtigungen sowie die Möglichkeiten, die TaskCards den einzelnen Benutzergruppen zukommen zu lassen. Sie können jederzeit einzelne Berechtigungen bearbeiten und die Bearbeitungsrechte anpassen.

[24] https://www.taskcards.de (abgerufen am 04.03.2023)
[25] ebd. (abgerufen am 04.03.2023)

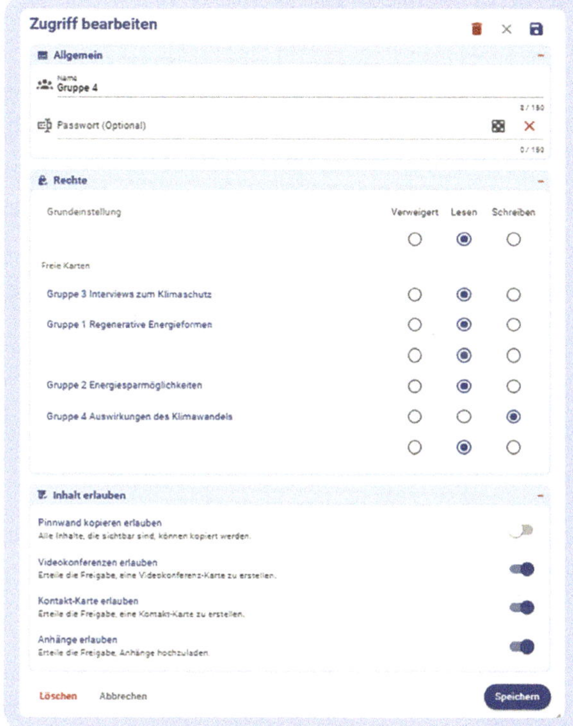

Abbildung: TaskCards: Zugriff bearbeiten [26]

Die Funktionalität, einzelne Berechtigungen zu erteilen, hat den Vorteil, dass Sie Ihre TaskCards und einzelne Karten für unterschiedliche Personen- und Schülergruppen individuell anpassen können.

Fazit

TaskCards ist eine gut entwickelte Plattform mit vielen Funktionen, sie ist datenschutzkonform und somit eine gute Alternative zu Padlet.

Sie können TaskCards auf ganz unterschiedliche Art und Weise nutzen, wie z.B. als Materialsammlung oder zum Speichern von Links. Sie können sie aber auch zur Bereitstellung von Material, Lerntheken, Lernspuren oder zum Brainstorming sowie kollaborativen Arbeiten nutzen. TaskCards ist eine sehr vielseitige Webanwendung, die in allen Unterrichtsphasen einsetzbar ist und für Ihre Klasse niedrigschwellig erreichbar ist.

[26] https://www.taskcards.de (abgerufen am 04.03.2023)

Unter folgenden Links finden Sie weiterführende Informationen:

YouTube®-Tutorials zu verschiedenen Taskcards-Themen https://www.youtube.com/channel/UC5WwQdO5VrTiTGQ_DSL2daw/search?query=taskcards	
YouTube®-Tutorial zu Taskcards https://www.youtube.com/watch?v=_j08-mvXIPE	

2.2 Flinga® – kollaboratives Ideensammeln

Flinga® ist eine kostenfreie Webanwendung, bei der sich Ihre Schülerinnen und Schüler nicht anmelden müssen. Die Nutzung datenschutzrechtlich ist unbedenklich, auch wenn es nicht auf deutschen Servern gehostet wird. Bei dem Flinga® Whiteboard https://flinga.fi/ stehen Kollaboration und Sammlung von Ideen und Informationen im Vordergrund. Auch hier haben Sie die Möglichkeit, Texte, Bilder, Links und Zeichnungen in das Board einzufügen und diese durch Pfeile und Linien zu verbinden.

Wenn Sie als Lehrkraft das Flinga® Whiteboard nutzen wollen, müssen Sie sich zunächst bei https://flinga.fi/ anmelden. Die Registrierung ist kostenlos und beinhaltet eine begrenzte Anzahl (derzeit fünf) von sogenannten „Sessions". Für jede Session können unterschiedliche Berechtigungen für die Teilnehmenden gesetzt werden, sodass wahlweise eine volle Bearbeitung, die Bearbeitung eigener Inhalte oder lediglich eine Ansicht möglich ist. Derzeit wird die Anwendung nur in englischer Sprache angeboten.

Nachdem Sie sich einmalig registriert und eingeloggt haben, können Sie sofort mit dem Erstellen einer Session beginnen.

Zu den einzelnen Möglichkeiten:

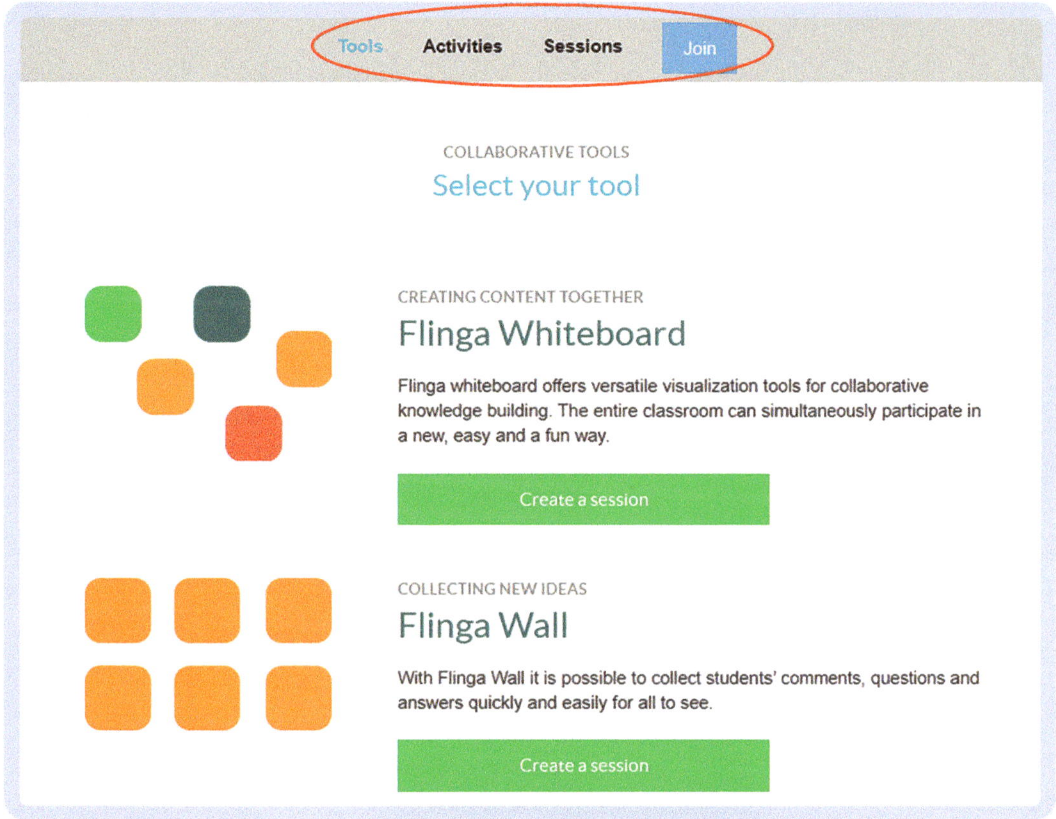

Abbildung: Flinga® Erstellen einer Session [27]

Obige Abbildung zeigt die Grundfunktionen dieser Anwendung:

Unter „**Tools**" finden Sie die Tools zur Kollaboration „Whiteboard" und „Wall".

Mit den „**Acitivities**" (Flinga® Discover, Flinga® Explore und Flinga® Reflect) können Sie gezielt Leitfragen formulieren, die das Brainstorming strukturieren und divergentes, kreatives Denken Ihrer Lernenden fördern.

Unter „**Sessions**" können Sie auf alle Ihre bisherigen Projekte zugreifen, diese weiterbearbeiten oder löschen. In den Abbildungen sehen Sie beispielhaft ein Flinga® Whiteboard und eine Flinga® Wall.

[27] https://flinga.fi/tools (abgerufen am 04.03.2023)

Flinga® Whiteboard:

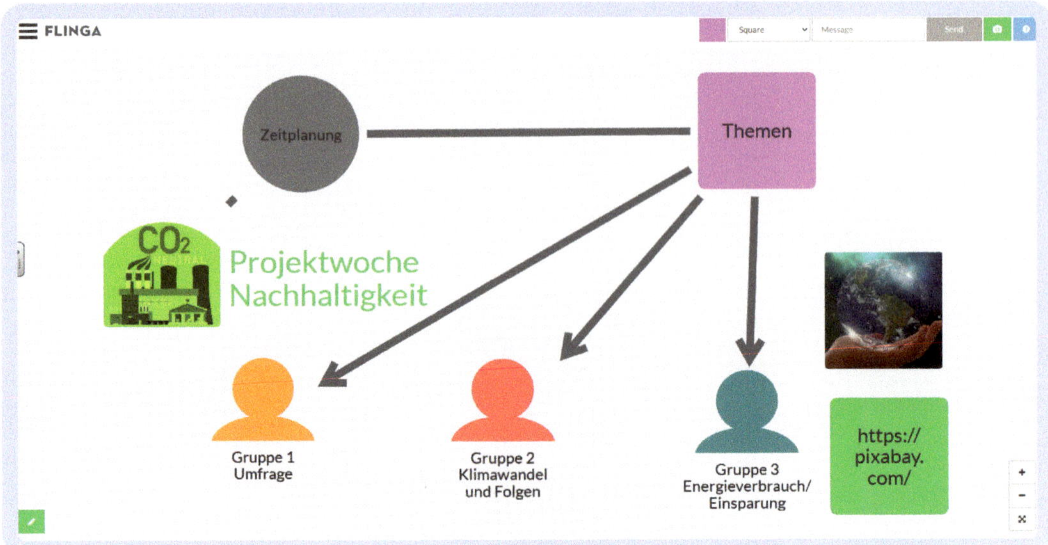

Abbildung: Flinga® Whiteboard[28]

Flinga® Wall:

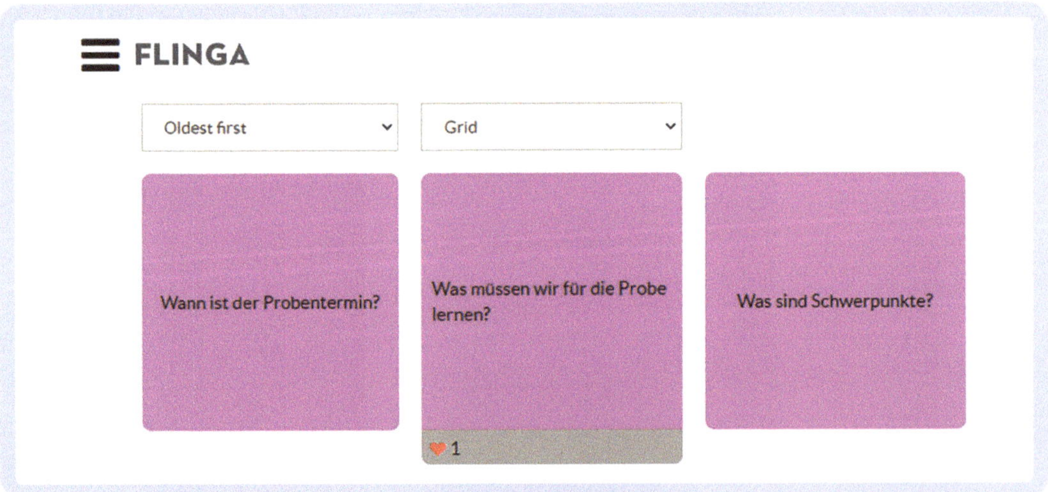

Abbildung: Flinga® Wall[29]

[28] https://flinga.fi/tools (abgerufen am 04.03.2023)
[29] ebd. (abgerufen am 04.03.2023)

2.2.1 Funktionen des Flinga® Whiteboards

Nach Auswahl des Tools „Whiteboard" öffnet sich die Kollaborationsoberfläche, die bei allen Nutzerinnen und Nutzern und der Administratorin / dem Administrator gleich aussieht:

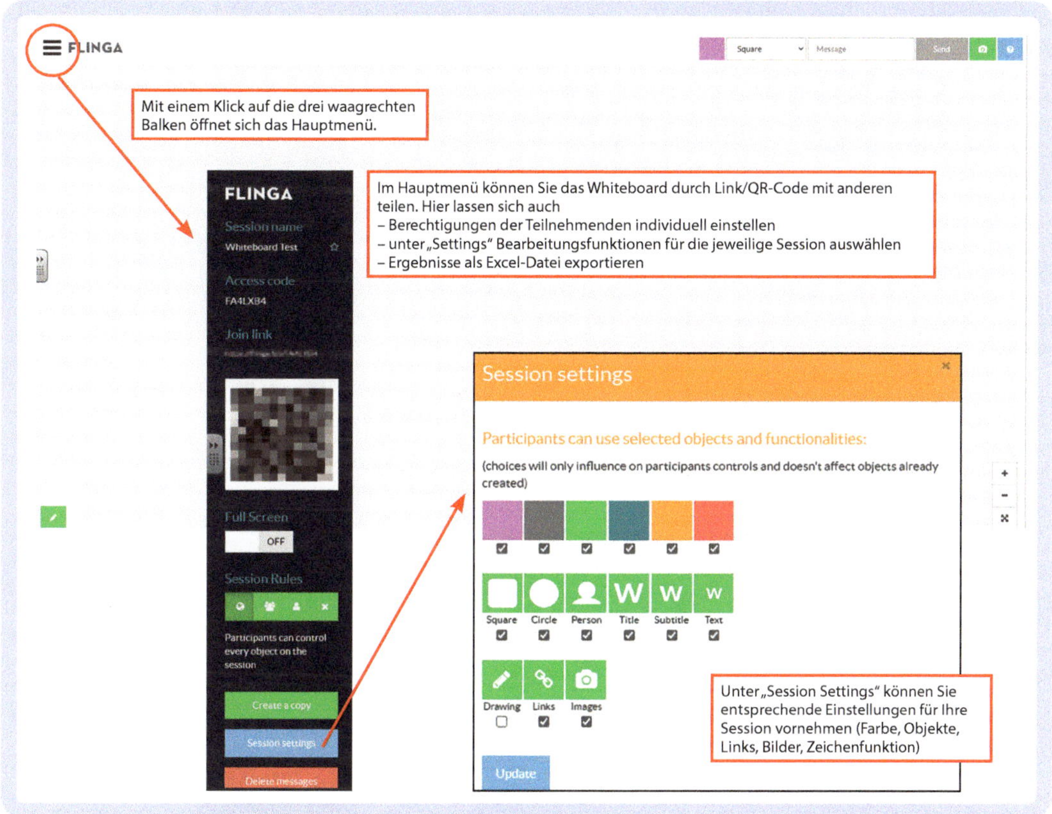

Abbildung: Flinga® Whiteboard[30]

[30] https://flinga.fi/tools (abgerufen am 04.03.2023)

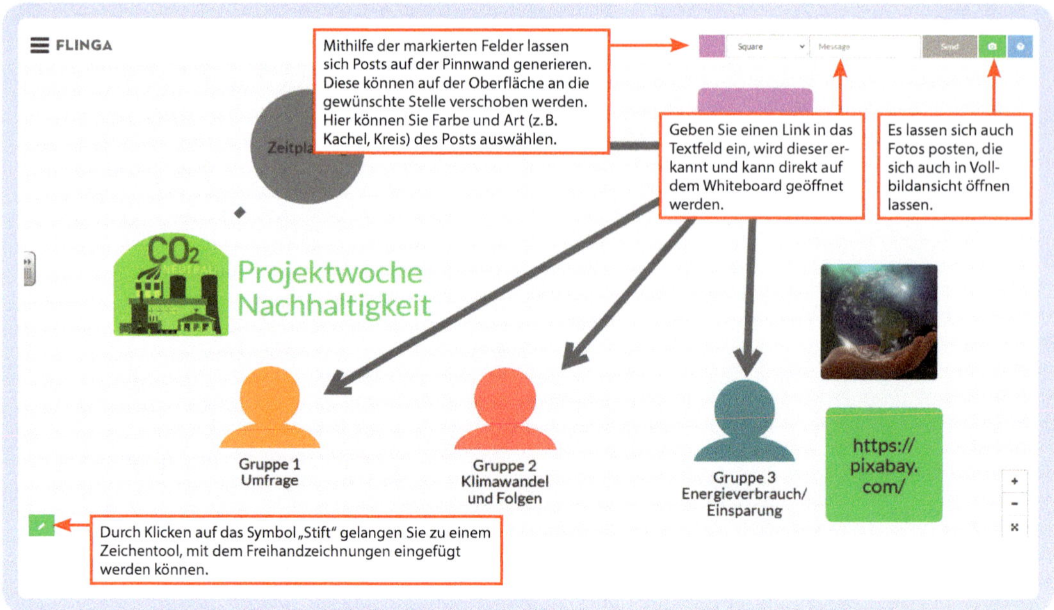

Abbildung: Flinga® Whiteboard Funktionen[31]

Die einzelnen Posts lassen sich mit grauen Linien miteinander verbinden.
Hierzu muss ein Post mit der Maus auf einen anderen gezogen werden.
Warten Sie einen Moment und lassen Sie nicht los, bis das Informationsfeld *„Link created“* angezeigt wird.

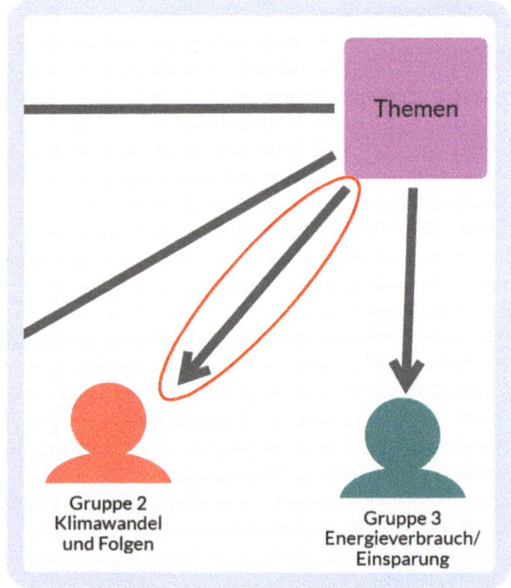

Abbildung: Posts verbinden

[31] https://flinga.fi/tools (abgerufen am 04.03.2023)

2.2.2 Funktionen der Flinga® Wall

Die Flinga® Wall bietet weniger Funktionen und ist einfacher strukturiert als das Whiteboard. Hier können Ihre Lernenden schnell Kommentare bzw. Fragen/Ideen zu verschiedenen Themen posten. Sie können zwischen der Kachel- und Listenansicht wählen und einzelne Beiträge lassen sich sortieren. Es gibt folgende Möglichkeiten: „Älteste zuerst", „Neueste zuerst" und „Beliebteste zuerst".

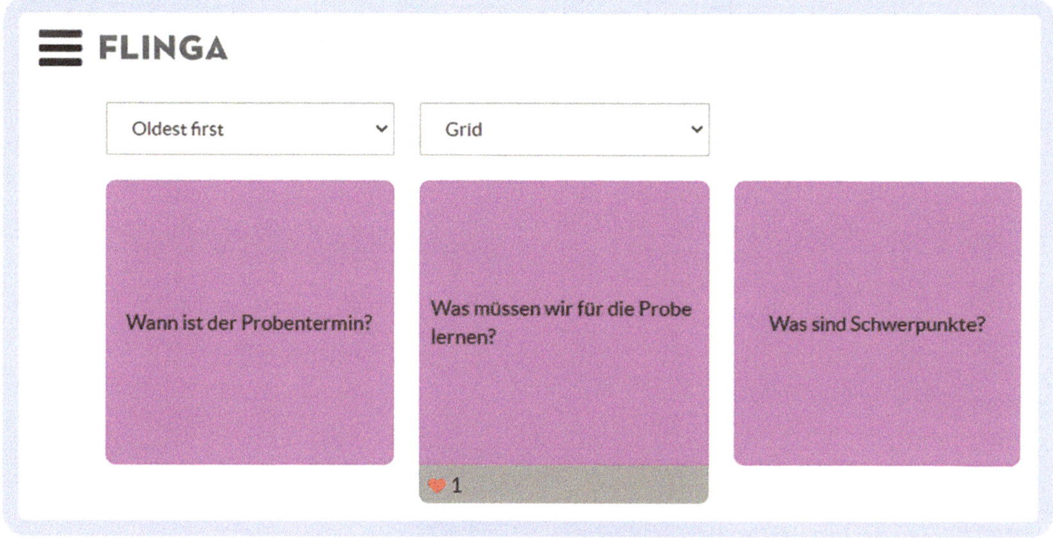

Abbildung: Flinga® Wall[32]

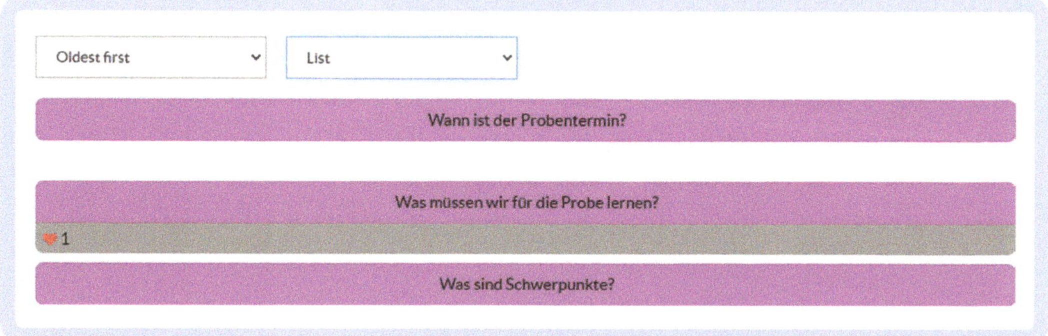

Abbildung: Flinga® Wall[33]

[32] https://flinga.fi/tools (abgerufen am 04.03.2023)
[33] ebd. (abgerufen am 04.03.2023)

Die Flinga® Wall bietet zudem das Feature „Slideshow". Mit dieser Bildschirmpräsentation wird nur ein Post pro Seite angezeigt. Dadurch können z.B. einzelne Beiträge in einer Kollaborationsphase gemeinsam besprochen werden. Diese Funktion kann über das Hauptmenü ausgewählt werden.

Flinga® Activities:

Mit Activities können Sie einen strukturierten Pfad für eine Kollaborationsphase vorgeben. Hierbei geben Sie Leitfragen vor, zu denen Ihre Lernenden Ideen und Ergebnisse der Kollaboration sammeln.

Je nach Ziel des Brainstormings lassen sich drei verschiedene Aktivitäten wählen:

Flinga® Discover, Flinga® Explore und Flinga® Reflect.

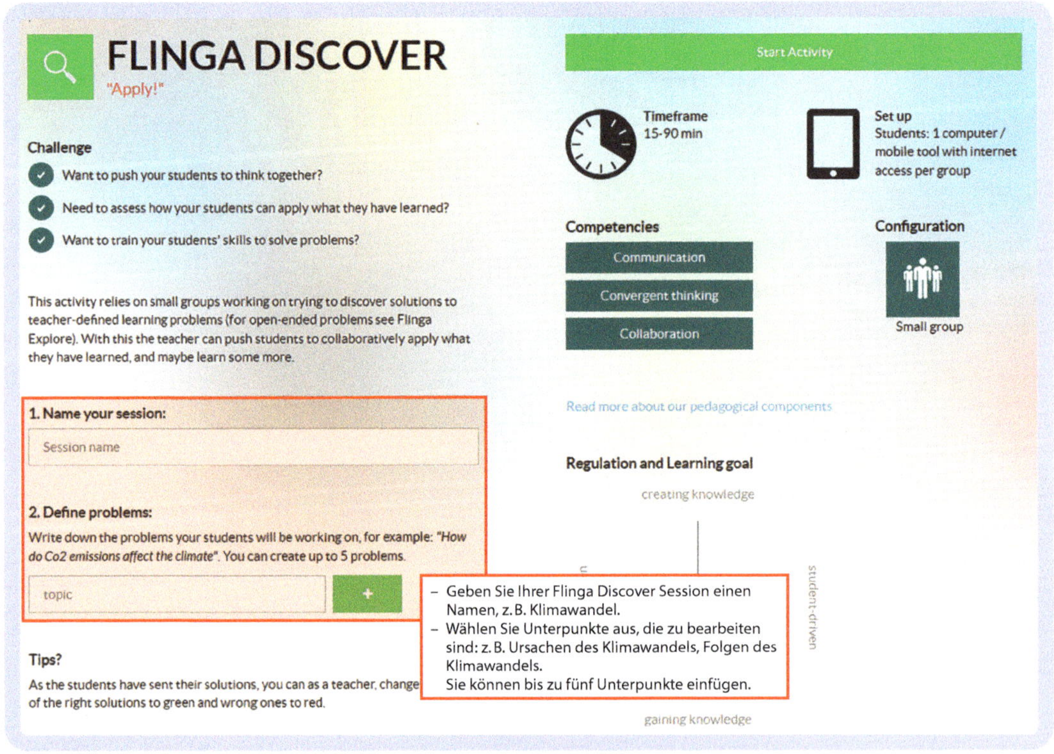

Abbildung: Flinga® Discover [34]

[34] https://flinga.fi/tools (abgerufen am 04.03.2023)

Hier sehen Sie ein Beispiel für eine Flinga® Discover-Oberfläche:

Die blauen Kästchen sind die von der Erstellerin / vom Ersteller vorgegebenen Leitfragen, die grauen Kästchen die Antworten der Teilnehmenden. Dies ist die Ansicht der Erstellerin / des Erstellers:

Abbildung: Flinga® Discover-Oberfläche2[35]

Den Teilnehmenden kann per Link oder QR-Code die Oberfläche zugänglich gemacht werden. Dann erscheint beispielsweise auf dem Smartphone die abgebildete Ansicht. Weitere Informationen erhalten Sie unter folgenden Links:

YouTube®-Tutorial

https://www.youtube.com/watch?v=2Dv-T5OGdPk

YouTube®-Tutorial

https://www.youtube.com/watch?v=mKB9M701BXc

Abbildung: Flinga® Teilnehmeransicht[36]

[35] https://flinga.fi/tools (abgerufen am 04.03.2023)

2.3 ZUMPad – einfach kollaborativ arbeiten

Das ZUMPad ist ein kollaborativer Texteditor (basierend auf Etherpad) der Zentrale für Unterrichtsmedien e. V. (ZUM) und wird kostenlos zur Verfügung gestellt. Mit diesem Werkzeug können browserbasiert gemeinsam Texte erstellt oder Informationen geteilt werden. Die Nutzerinnen und Nutzer können dabei gleichzeitig an verschiedenen Endgeräten daran arbeiten und in Echtzeit die Änderungen der anderen verfolgen.

Die Anwendung lässt sich ohne Registrierung nutzen. Zur Bearbeitung eines „Pads" ist lediglich der entsprechende Link dazu notwendig.

Die Funktionalität dieser Anwendung ist auf die reine Textbearbeitung beschränkt. Die Texte können auf einfache Weise formatiert werden, verschiedene Benutzerinnen und Benutzer erhalten automatisch verschiedene Farben. Zudem können sich die Teilnehmenden über eine Chatfunktion austauschen und vorliegende Dokumente (HTML-, Word- oder RTF-Format) können importiert, bearbeitet und schließlich in unterschiedliche Formate exportiert werden.

Dieses Tool eignet sich vor allem, wenn Sie schnell kollaborativ Ideen zu einem Thema sammeln, bündeln und sichtbar machen wollen.

Beachten Sie, dass ein Pad nach sechs Monaten automatisch gelöscht wird, wenn keine Änderungen daran vorgenommen wurden.

Unter dem Link https://ZUMPad.zum.de gelangen Sie zur Startseite. Hier haben Sie zwei Möglichkeiten, ein neues Pad zu erstellen. Sie können entweder ein Pad mit einem zufällig generierten Link erstellen lassen oder Sie können ein Pad mit einem Namen erstellen.

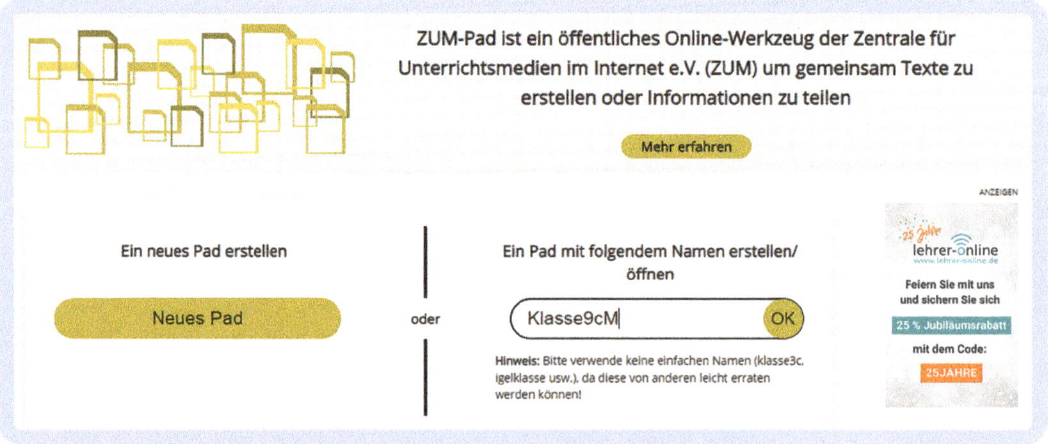

Abbildung: ZUMPad, Neues Pad erstellen [36]

[36] https://zumpad.zum.de (abgerufen am 04.03.2023)

Nachdem Sie ein neues Pad erstellt haben, erscheint ein weißes Whiteboard. In der Menüleiste oben finden Sie grundlegende Formatierungsmöglichkeiten, wie Sie es aus Word kennen.

Des Weiteren finden Sie rechts oben eine Symbolleiste für verschiedene Bearbeitungsmöglichkeiten:

Abbildung: ZUMPad Symbolleiste[37]

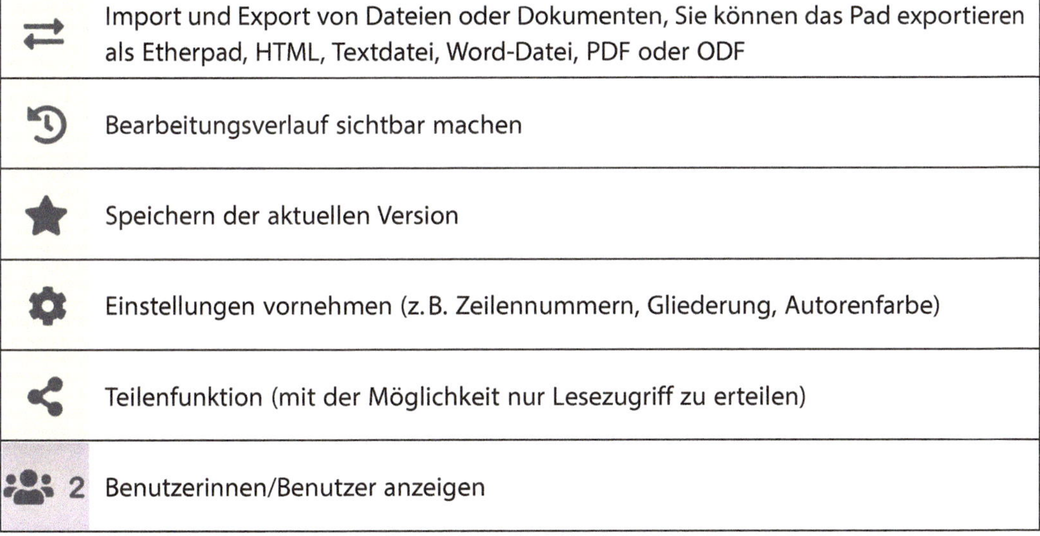

Symbol	Funktion
	Import und Export von Dateien oder Dokumenten, Sie können das Pad exportieren als Etherpad, HTML, Textdatei, Word-Datei, PDF oder ODF
	Bearbeitungsverlauf sichtbar machen
	Speichern der aktuellen Version
	Einstellungen vornehmen (z. B. Zeilennummern, Gliederung, Autorenfarbe)
	Teilenfunktion (mit der Möglichkeit nur Lesezugriff zu erteilen)
2	Benutzerinnen/Benutzer anzeigen

Weitere Informationen erhalten Sie unter folgendem Link:

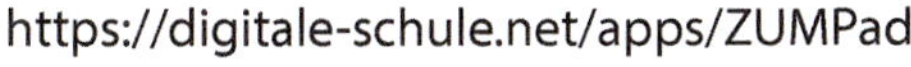

https://digitale-schule.net/apps/ZUMPad

[37] https://zumpad.zum.de (abgerufen am 04.03.2023)

2.4 Lernspuren und Lernpfade

Mit einer Lernspur können Sie unter Beachtung der 4Ks Unterrichtsinhalte so aufbereiten, dass sich Ihre Lernenden diese selbstständig und auf vielfältige Art und Weise erarbeiten. Dabei können in einer Lernspur entweder Inhalte einer ganzen Unterrichtssequenz oder Artikulationsstufen einer einzelnen Unterrichtsstunde (vom Einstieg bis zur Sicherung) abgebildet werden und zusätzlich eine Vielzahl von individualisierten Differenzierungsaufgaben sowie kreativen Aufgaben zum Thema bereitgestellt werden.

Zudem können in Lernspuren digitale Formen des Feedbacks oder Lernstandserhebungen integriert sowie Möglichkeiten der Kooperation unter den Lernenden geschaffen werden (Partner- und Gruppenarbeiten, Videokonferenzen etc.)

Der Grad der Selbstständigkeit und Individualisierung kann je nach Absicht der Lehrkraft eine unterschiedliche Ausprägung erfahren. Es können Phasen des Lernens zwischen digital gestützten Medien und traditionellen Unterrichtsmethoden abwechseln, eine Lernspur kann aber auch so angelegt sein, dass sich die Lernenden ausschließlich in selbstständiger Weise Unterrichtsinhalte erarbeiten.

Vorteile

- Mit Lernspuren fördern Sie die Lernkompetenz.
- Schülerinnen und Schüler können in ihrem eigenen Lerntempo arbeiten und miteinander kooperieren.
- Dazu benötigte Unterrichtsmaterialien können analog (z. B. Bücher, Hefte) und digital bereitgestellt werden.
- Es können multimediale Materialien integriert werden, die unterschiedliche Lernkanäle bedienen.
- Unterrichtsszenarien können optimal vorstrukturiert und interaktiv mit vielfältigen Übungsaufgaben aufbereitet werden.
- Lernspuren sind lange verfügbar, auch von Schülerinnen und Schülern veränderbar und ergeben sich aus dem Lernfortschritt der Lernenden.
- Ergebnisse der Schülerinnen und Schüler können durch (digitale und analoge) Formen von Lernstandserhebungen überprüft werden.

Voraussetzungen

- Ihre Lernenden müssen im Umgang mit digitalen Plattformen wie TaskCards vertraut sein.
- Der Zugang zu digitalen Endgeräten für alle Lernenden muss gewährleistet sein.

2.4.1 Lernspuren mit TaskCards erstellen

Folgende Abbildung zeigt, wie Sie mit TaskCards Lernspuren erstellen können.

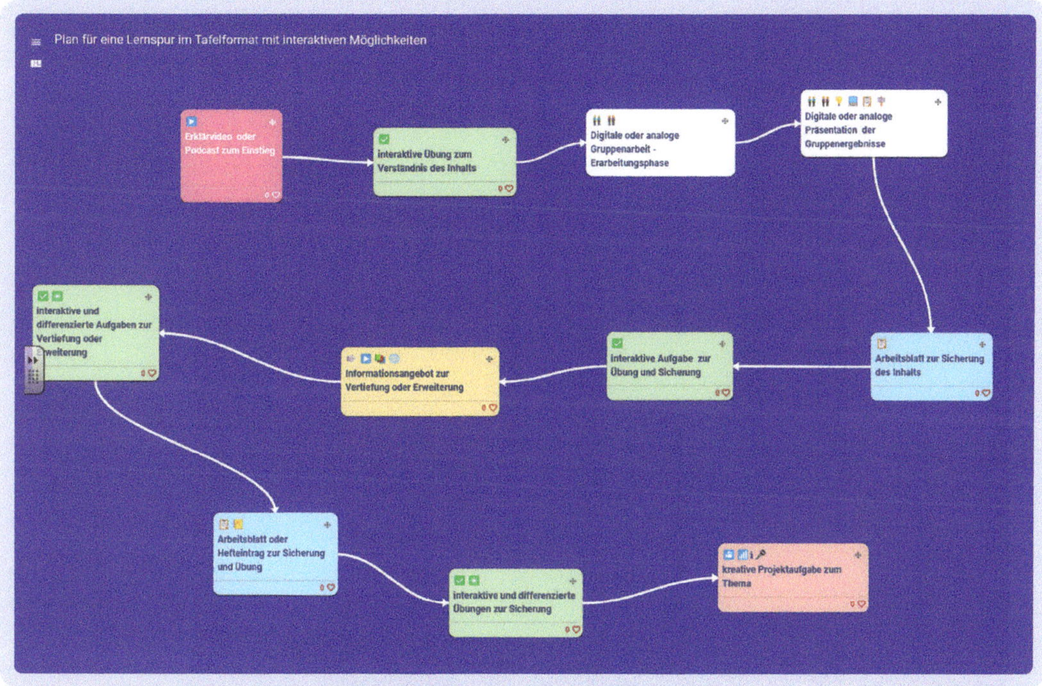

Abbildung: TaskCards, Prozessorientierte Lernspur im Tafelformat[38]

2.4.2 Lernpfade erstellen mit lernpfad.ch

Die Plattform https://lernpfad.ch/ ist für alle Fächer und Schulformen geeignet. In einem Lernpfad können Sie digitale Lernressourcen, Arbeitsaufträge und Lerninhalte aus verschiedenen Quellen (z. B. Dokumente, Videos, Links) strukturiert und übersichtlich zusammenstellen. Dieses Tool ermöglicht den Lernenden ein selbstgesteuertes Arbeiten. Ähnlich wie bei den Lernspuren in TaskCards können Sie erstellte Lernpfade mit Ihren Lernenden teilen. Diese arbeiten selbstgesteuert daran, können einzelne Lernschritte abhaken und individuelle Lern- und Arbeitsergebnisse hochladen.

Im Vordergrund stehen:

- selbstgesteuertes, forschendes Lernen im Unterricht und zu Hause
- Differenzierung und Individualisierung durch Arbeiten im eigenen Tempo
- Präsentation und Wiederholung
- offene Aufgabenstellungen

[38] https://www.taskcards.de (abgerufen am 04.03.2023)

Lernpfad.ch hat eine einfache Anwendungsstruktur, erfüllt alle Kriterien der DSGVO und ist kostenlos.

Registrierung/Einloggen

Sie können sich unter Angabe eine Benutzernamens und Passworts registrieren bzw. einloggen. Dabei ist für die Registrierung keine Angabe einer Mailadresse notwendig.

Nachdem Sie sich eingeloggt haben, kommen Sie zum Dashboard. Hier können Sie entweder selbst einen neuen Lernpfad erstellen oder aus der Bibliothek bereits erstellte und freigegebenen Lernpfade kopieren.

Erstellen eines neuen Lernpfades

Ausgehend vom Dashboard können Sie durch Klicken auf die Kachel „+" einen neuen Lernpfad erstellen.

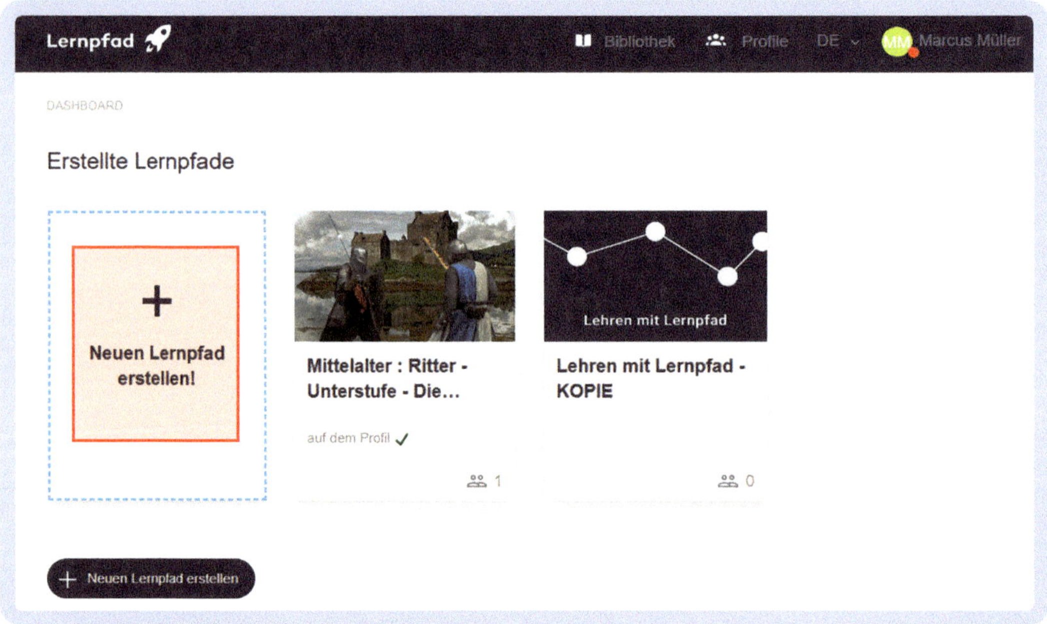

Abbildung: lernpfad.ch, Neuen Lernpfad erstellen[39]

[39] https://lernpfad.ch (abgerufen am 04.03.2023)

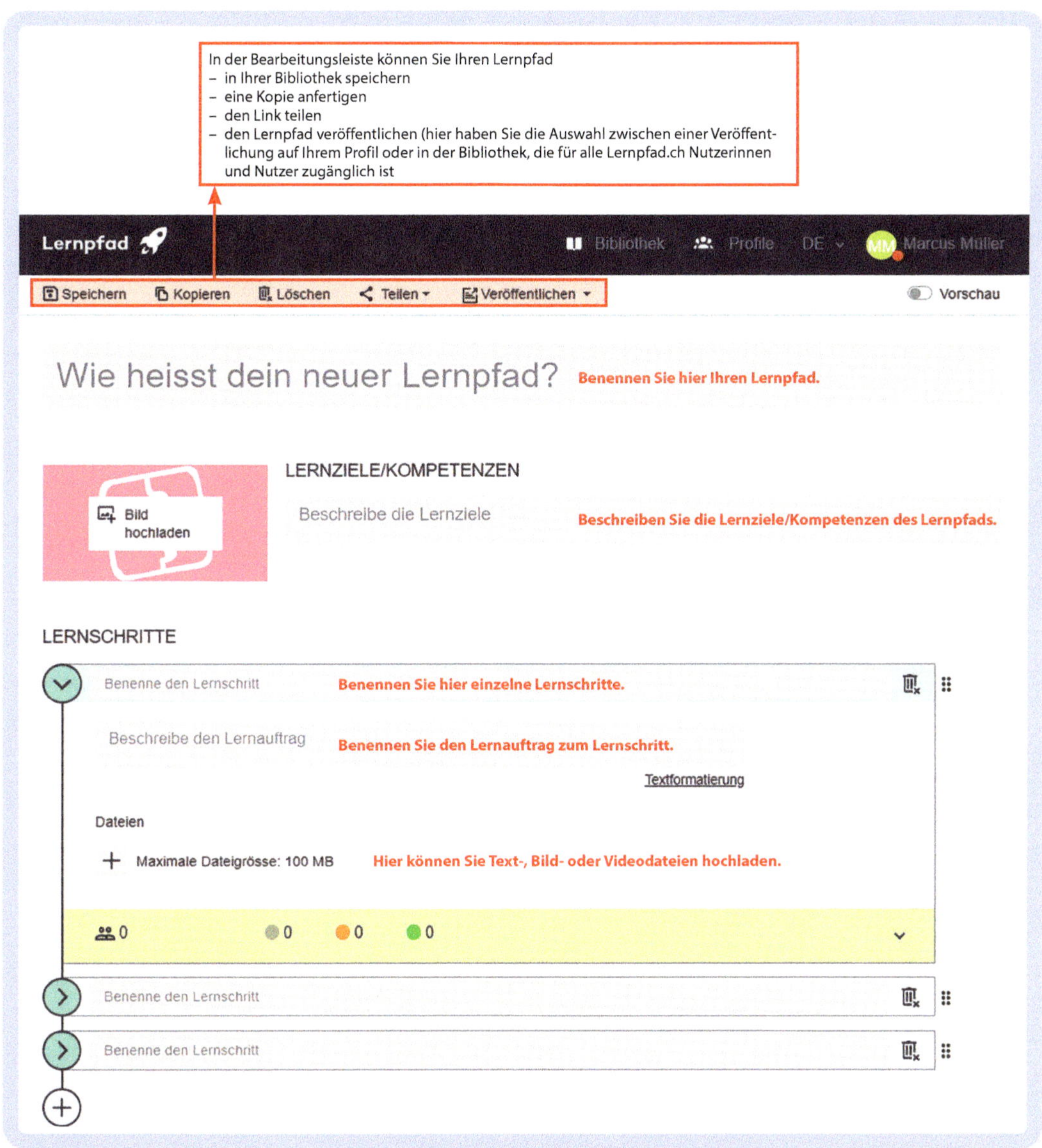

Abbildung: lernpfad.ch, Neuen Lernpfad erstellen[40]

Kopieren eines Lernpfades aus der Bibliothek

Hier können Sie bereits vorhandene Lernpfade auswählen, in Ihr Profil kopieren und beliebig verändern und bearbeiten. Die darin enthaltenen Lernpfade wurden durch die Autorinnen und Autoren zur Nutzung freigegeben, Sie können diese somit bedenkenlos verwenden.

[40] https://lernpfad.ch (abgerufen am 04.03.2023)

Beispiel Lernpfad Ritter

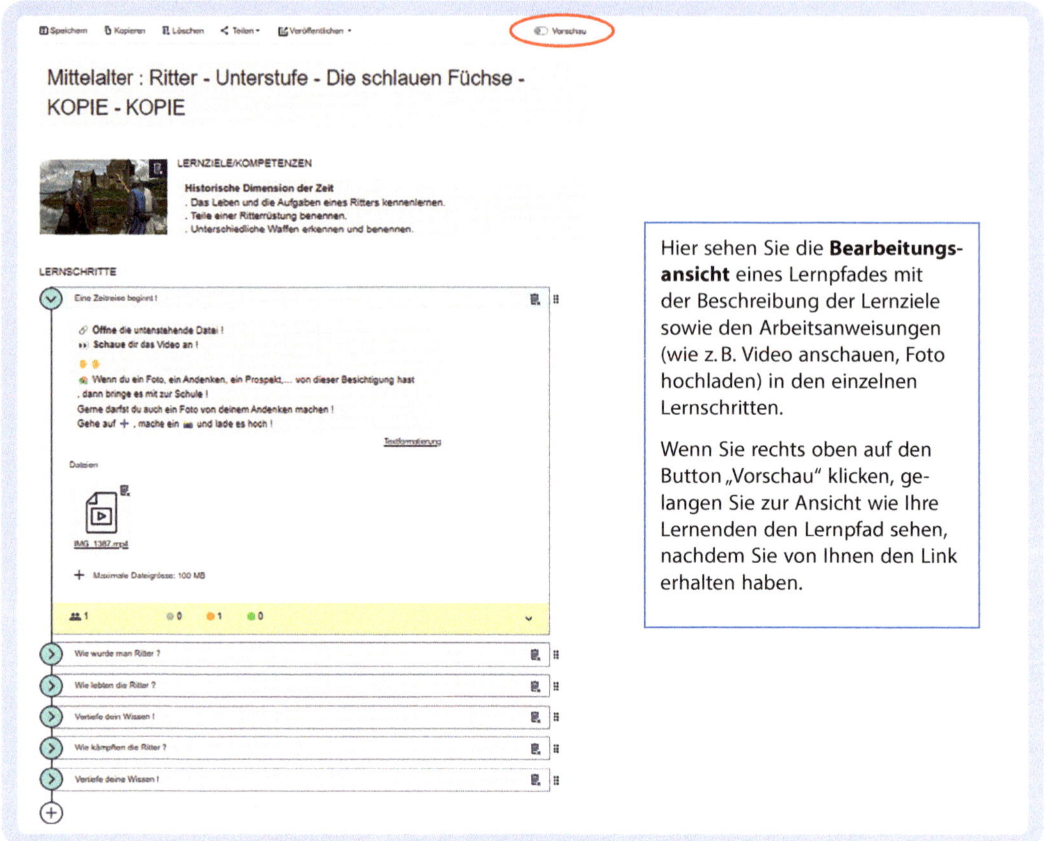

Hier sehen Sie die **Bearbeitungsansicht** eines Lernpfades mit der Beschreibung der Lernziele sowie den Arbeitsanweisungen (wie z. B. Video anschauen, Foto hochladen) in den einzelnen Lernschritten.

Wenn Sie rechts oben auf den Button „Vorschau" klicken, gelangen Sie zur Ansicht wie Ihre Lernenden den Lernpfad sehen, nachdem Sie von Ihnen den Link erhalten haben.

Abbildung: lernpfad.ch, Lernpfad aus der Bibliothek[41]

[41] https://lernpfad.ch (abgerufen am 04.03.2023)

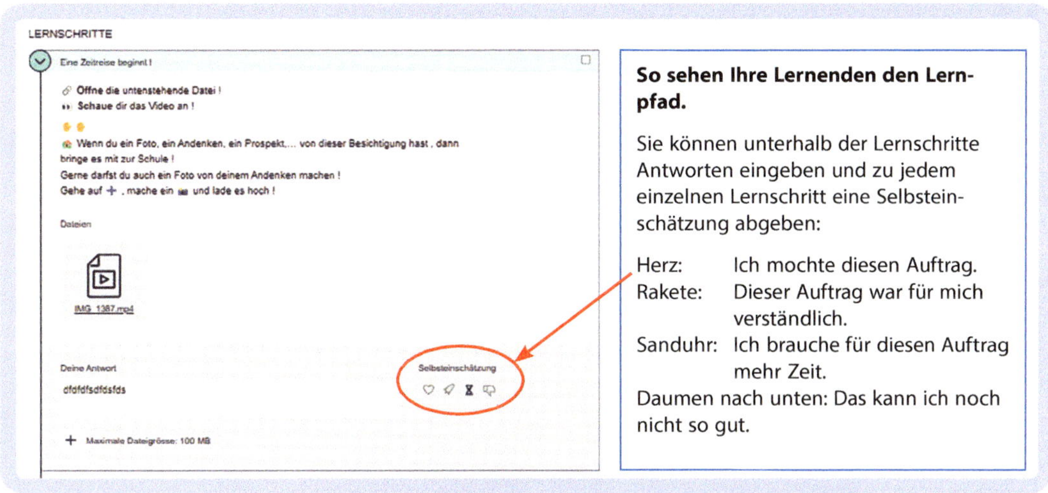

So sehen Ihre Lernenden den Lernpfad.

Sie können unterhalb der Lernschritte Antworten eingeben und zu jedem einzelnen Lernschritt eine Selbsteinschätzung abgeben:

Herz: Ich mochte diesen Auftrag.
Rakete: Dieser Auftrag war für mich verständlich.
Sanduhr: Ich brauche für diesen Auftrag mehr Zeit.
Daumen nach unten: Das kann ich noch nicht so gut.

Abbildung: lernpfad.ch, Schüleransicht[42]

Wenn Ihre Lernenden ein Feedback abgegeben und es im Browser gespeichert haben, erscheint dieses synchron in Ihrer Bearbeitungsansicht. Sie haben dann die Möglichkeit, auf jede einzelne Antwort in Form eines Feedbacks zu reagieren.

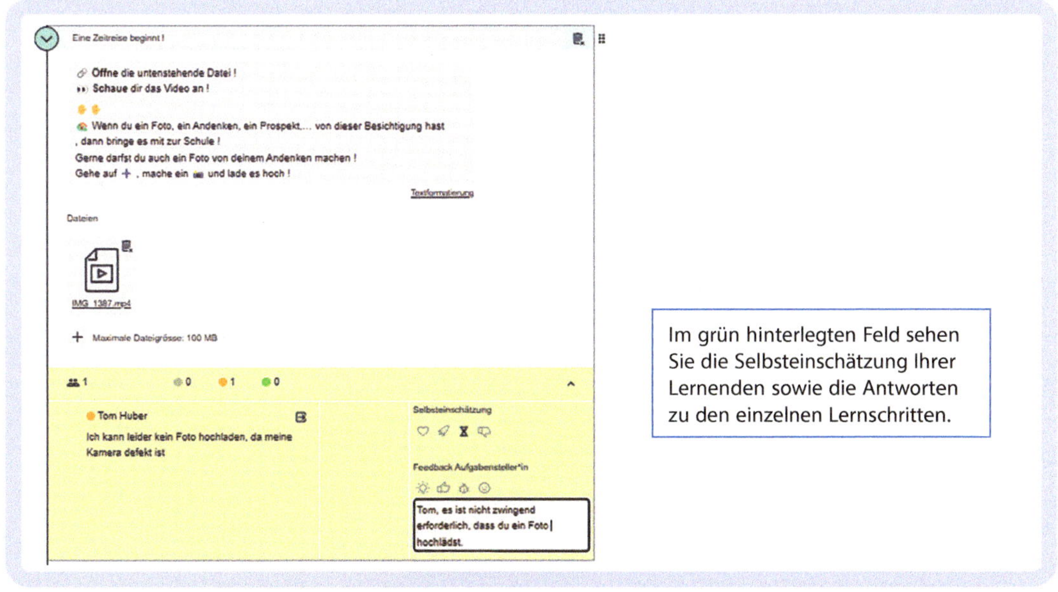

Im grün hinterlegten Feld sehen Sie die Selbsteinschätzung Ihrer Lernenden sowie die Antworten zu den einzelnen Lernschritten.

Abbildung: lernpfad.ch, Lernschritte[43]

[42] https://lernpfad.ch (abgerufen am 04.03.2023)
[43] ebd. (abgerufen am 04.03.2023)

Wenn Sie Ihren Lernpfad fertig erstellt haben, können Sie ihn der Klasse per Link zukommen lassen.

Hierzu müssen sich Ihre Lernenden jedoch einmalig mit Namen und Benutzernamen im Browser registrieren. Wie oben bereits beschrieben, ist keine Angabe von persönlichen Daten wie eine Mailadresse nötig.

2.5 Feedbacktools

Nach John Hattie trägt Feedback deutlich zum Lernerfolg bei, wie er in seiner bedeutenden Studie zu Lernerfolgsfaktoren zeigen konnte. Wir Lehrende geben permanent Feedback, sei es durch verbale Äußerungen, schriftliche Hinweise und Korrekturen, aber auch durch Gestik und Mimik.

Feedback kann auf verschiedenen Ebenen stattfinden:

- von Lehrkraft zu Lernenden
- von Lernenden zur Lehrkraft
- von Lernenden zu Lernenden
- von Lehrkraft zu Lehrkraft

Die Zielsetzung eines Feedbacks ist immer dieselbe: Es sollen Verbesserungen erreicht werden, indem konstruktive und wertschätzende Rückmeldungen gegeben werden.

Feedback ist somit ein wichtiges Instrument zur stetigen Qualitätsverbesserung im unterrichtlichen Setting.

Die Beschreibung der folgenden Tools soll dazu beitragen, Feedbackmethoden auch auf den digitalen Raum zu übertragen.

Die fortschreitende Digitalisierung in den letzten Jahren hat eine Vielzahl von digitalen Werkzeugen geschaffen, die viele Vorteile besitzen und häufig kostenlos im Internet verfügbar sind.

Digitale Feedbacktools bieten einige Vorteile:

- Feedback kann digital gegeben und zeit- und ortsunabhängig zur Verfügung gestellt werden.
- Die Auswertung geschieht häufig durch die Software und ist somit schnell und unaufwendig generierbar.
- Ergebnisse und Resultate können schnell präsentiert werden.
- Es können größere Personenzahlen erreicht werden.

Digitale Feedbacktools bieten vielfältige Einsatzmöglichkeiten:

- Einholen von Vorwissen und Brainstorming
- Evaluation des eigenen Unterrichts

- Auswertung von Projekten
- Schülerfeedback z. B. nach Gruppenarbeitsphasen
- Abstimmen im Klassenzimmer
- Kollaboration mit andern Lerngruppen/Klassen
- Verknüpfung mit analogen Unterrichtsinhalten (z. B. QR-Code mit Audio- oder schriftlichem Feedback zu Hefteintrag)
- Audiofeedback z. B. zu Übungsaufsätzen

Die in Kapitel 2.1 und 2.2 beschriebenen Tools TaskCards und Flinga® bieten vielfältige Möglichkeiten des Feedbacks (z. B. Präsentation von Unterrichtsergebnissen, kollaboratives Schreiben, Audioaufnahmen, Emojis)

Im Folgenden soll vorrangig auf Tools eingegangen werden, die den Fokus auf dem Einholen von Vorwissen, Brainstorming, Evaluation von verschiedenen Themen/Unterricht und einem Feedback durch Audio- und QR-Codes legen.

2.5.1 Bittefeedback – das einfache Online-Feedback-Tool

Bittefeedback.de (https://bittefeedback.de) ist ein sehr einfaches, kostenloses Tool, mit dem Sie oder Ihre Lernenden niederschwellig ein kurzes Feedback zu einem Thema einholen können. Hierzu ist keine Registrierung notwendig und es werden keinerlei persönliche Daten erhoben.

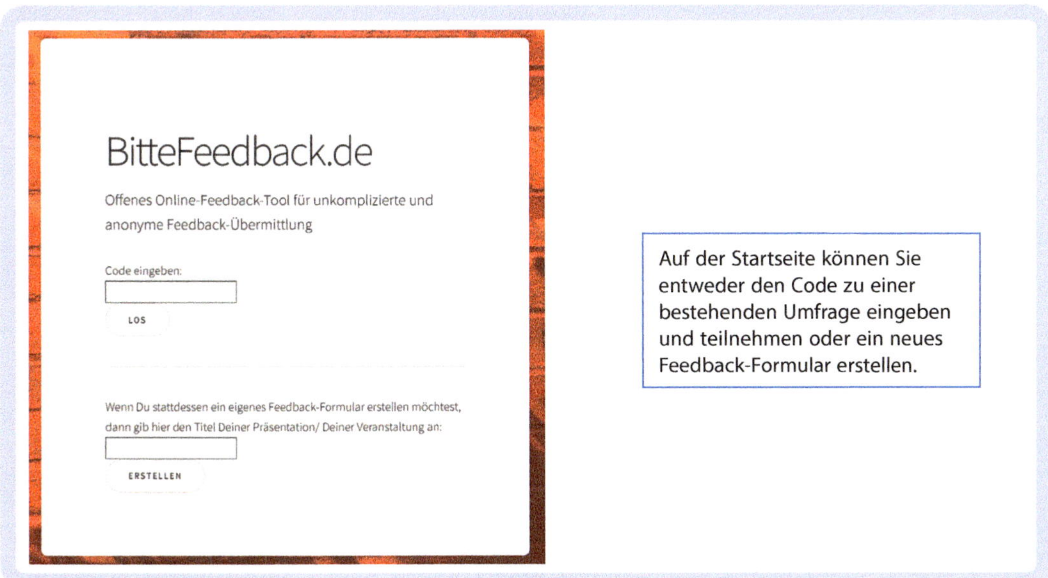

Abbildung: Bittefeedback[44]

[44] https://bittefeedback.de (abgerufen am 04.03.2023)

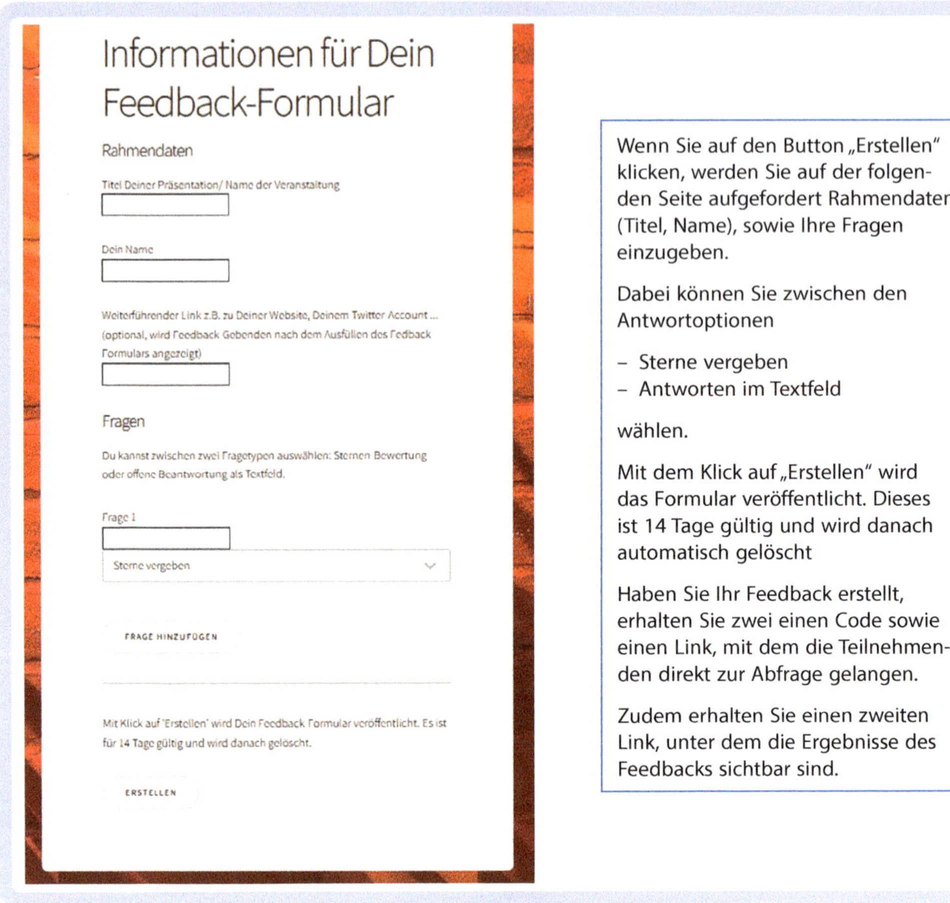

Informationen für Dein Feedback-Formular

Rahmendaten

Titel Deiner Präsentation/ Name der Veranstaltung

Dein Name

Weiterführender Link z.B. zu Deiner Website, Deinem Twitter Account ... (optional, wird Feedback Gebenden nach dem Ausfüllen des Fedback Formulars angezeigt)

Fragen

Du kannst zwischen zwei Fragetypen auswählen: Sternen Bewertung oder offene Beantwortung als Textfeld.

Frage 1

Sterne vergeben

FRAGE HINZUFÜGEN

Mit Klick auf 'Erstellen' wird Dein Feedback Formular veröffentlicht. Es ist für 14 Tage gültig und wird danach gelöscht.

ERSTELLEN

Wenn Sie auf den Button „Erstellen" klicken, werden Sie auf der folgenden Seite aufgefordert Rahmendaten (Titel, Name), sowie Ihre Fragen einzugeben.

Dabei können Sie zwischen den Antwortoptionen

- Sterne vergeben
- Antworten im Textfeld

wählen.

Mit dem Klick auf „Erstellen" wird das Formular veröffentlicht. Dieses ist 14 Tage gültig und wird danach automatisch gelöscht

Haben Sie Ihr Feedback erstellt, erhalten Sie zwei einen Code sowie einen Link, mit dem die Teilnehmenden direkt zur Abfrage gelangen.

Zudem erhalten Sie einen zweiten Link, unter dem die Ergebnisse des Feedbacks sichtbar sind.

Abbildung: Bittefeedback[45]

2.5.2 ONCOO® – online kooperieren und Feedback einholen

ONCOO® ist eine webbasierte Anwendung, die kostenlos genutzt werden kann. Sie können zwischen fünf verschiedenen Formaten wählen:

- eine Kartenabfrage (Sammeln kurzer Textantworten)
- eine Zielscheibe (Einholen von kurzen, anonymen Feedbacks)
- verschiedene Organisationstools für Gruppenarbeiten und Helfersysteme

Die Lernenden können durch Aufrufen eines Links oder Scannen eines QR-Codes ohne Registrierung zu einem ONCOO®-Board beitragen. Die Boards sind auch für mobile Geräte wie Smartphone oder Tablet kompatibel.

45 https://bittefeedback.de (abgerufen am 04.03.2023)

Unter www.oncoo.de gelangen Sie zur Startseite, unter der Sie entweder als Lehrkraft oder Lernende einen Code zu einem ONCOO®-Board erhalten können.

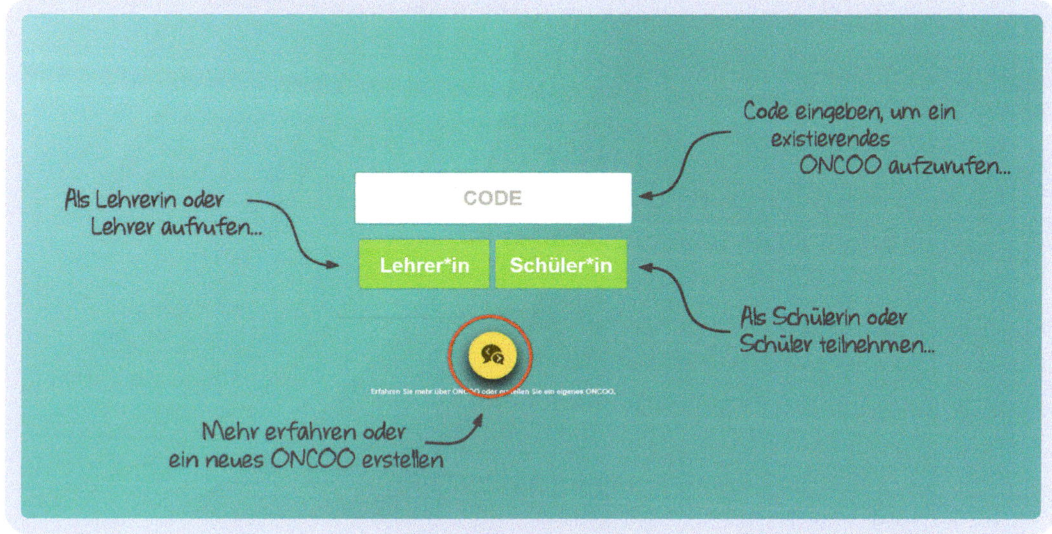

Abbildung: ONCOO® Startseite [46]

Um ein neues Board zu erstellen, müssen Sie auf den gelben Button mit den zwei Pfeilen klicken und Sie gelangen zu einer Übersicht, bei der Sie zwischen den Boards auswählen können.

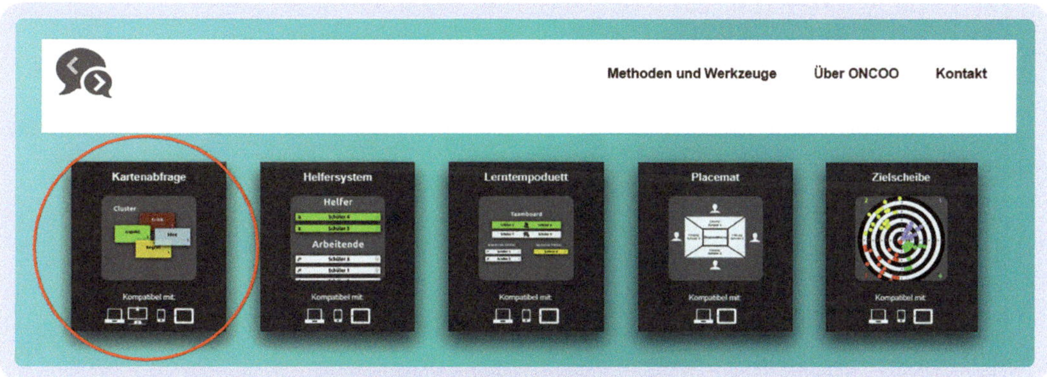

Abbildung: ONCOO® Board auswählen [47]

Im Folgenden soll näher auf die Boards „Kartenabfrage“ und „Zielscheibe“ eingegangen werden.

[46] https://www.oncoo.de (abgerufen am 04.03.2023)
[47] https://www.oncoo.de (abgerufen am 04.03.2023)

Die Kartenabfrage

Die Kartenabfrage eignet sich, um Ideen und Ergebnisse aus einem Brainstorming Ihrer Teilnehmenden zu erfassen und an einer für alle sichtbaren Projektionsfläche zu systematisieren.

Wenn Sie auf die Kachel „Kartenabfrage" klicken, gelangen Sie zu folgender Oberfläche:

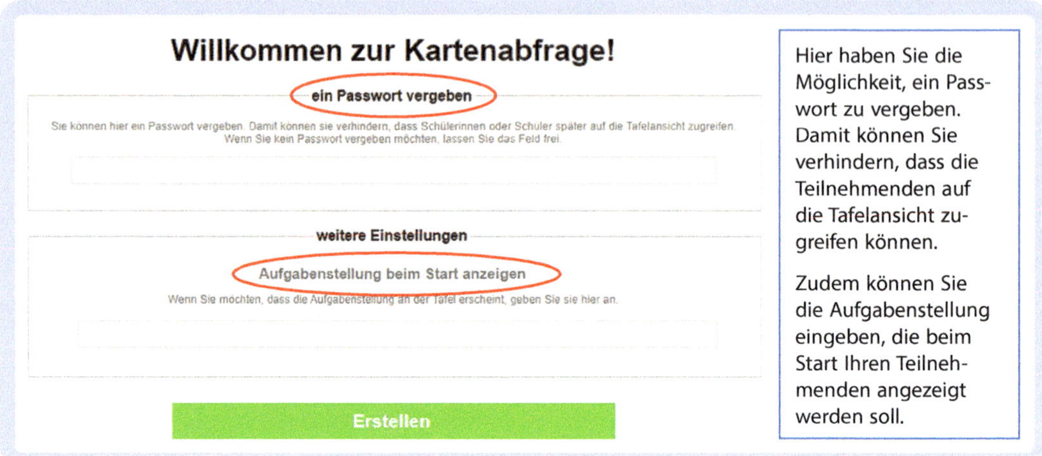

Abbildung: ONCOO® Kartenabfrage [48]

Sobald Sie auf „Erstellen" klicken, erhalten Sie den Link zur Kartenabfrage sowie einen dazugehörigen QR-Code. Mit diesen Informationen gelangen die Teilnehmenden zur Kartenabfrage.

Ihre Teilnehmenden können nun entweder über die Startseite durch Eingabe des Codes, durch direkte Eingabe des Links in den Browser oder durch Scannen des QR-Codes zur Kartenabfrage gelangen.

Abbildung: ONCOO® Kartenabfrage [49]

[48] https://www.oncoo.de (abgerufen am 04.03.2023)
[49] https://www.oncoo.de (abgerufen am 04.03.2023)

Die Ansicht der Teilnehmenden (hier über Smartphone) sieht wie folgt aus:

Abbildung: ONCOO® Smartphoneansicht3 [50]

Hier sehen Sie die Ansicht des Erstellenden der Kartenabfrage. Sie haben die Möglichkeit, die Karten durch Verschieben auf dem Board zu ordnen und zu strukturieren.

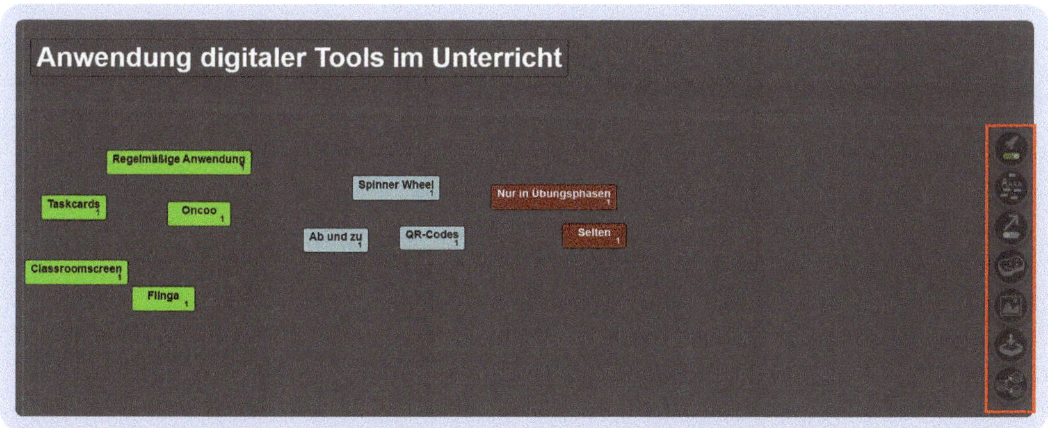

Abbildung: ONCOO® Boardansicht und Bearbeitungsmöglichkeiten [51]

[50] https://www.oncoo.de (abgerufen am 04.03.2023)
[51] https://www.oncoo.de (abgerufen am 04.03.2023)

Zudem haben Sie folgende Möglichkeiten der Bearbeitung:

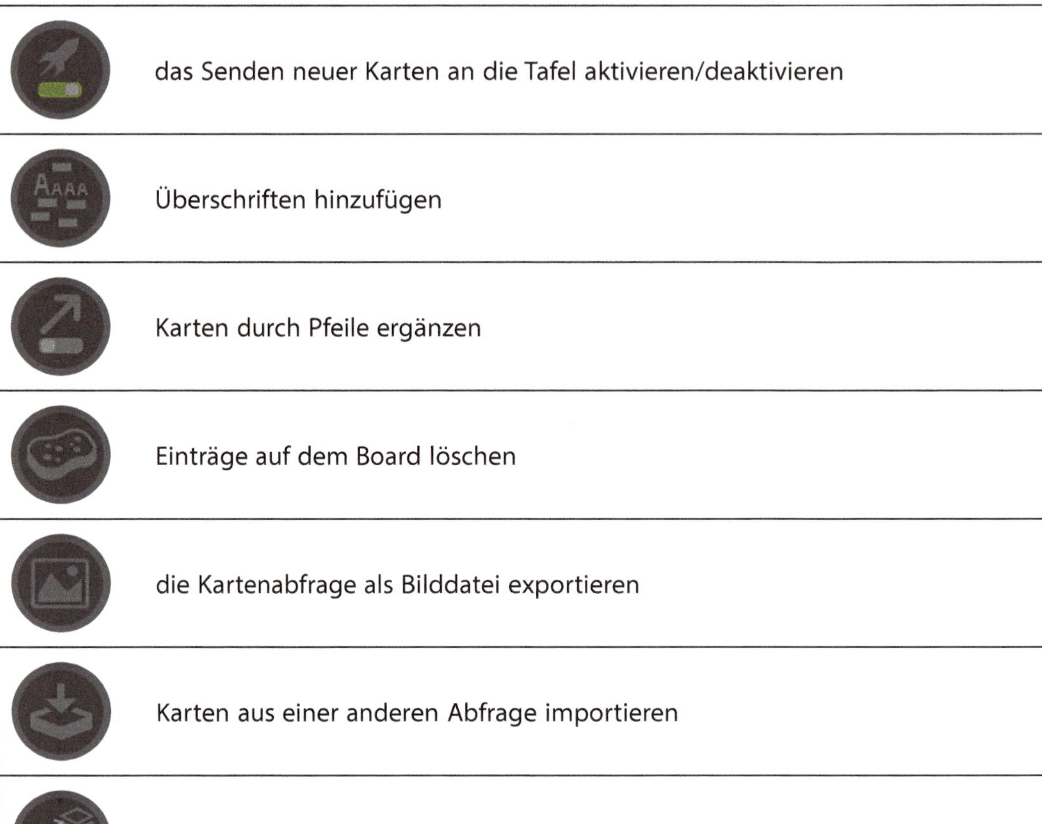

	das Senden neuer Karten an die Tafel aktivieren/deaktivieren
	Überschriften hinzufügen
	Karten durch Pfeile ergänzen
	Einträge auf dem Board löschen
	die Kartenabfrage als Bilddatei exportieren
	Karten aus einer anderen Abfrage importieren
	ein Duplikat dieser Abfrage erstellen

Die Zielscheibe

Das Werkzeug „Zielscheibe" eignet sich, um im Rahmen der Reflexion von Unterricht ein schnelles und anonymes Feedback zu mehreren Aspekten auf Basis einer mehrstufigen Skala im Browser von beliebigen Endgeräten zu ermöglichen.

In der Projektion werden die Angaben der Lernenden durch „Klebepunkte" auf einer Zielscheibe dargestellt. Zudem werden statistische Angaben (z. B. Durchschnittswerte) zu jedem Aspekt und die Anzahl der Teilnehmenden angezeigt.

Nachdem Sie auf die Kachel „Zielscheibe" geklickt haben, gelangen Sie zur Bearbeitungsoberfläche, wo Sie bewertende Aspekte hinzufügen (zwischen zwei und zehn) und ein Passwort generieren können.

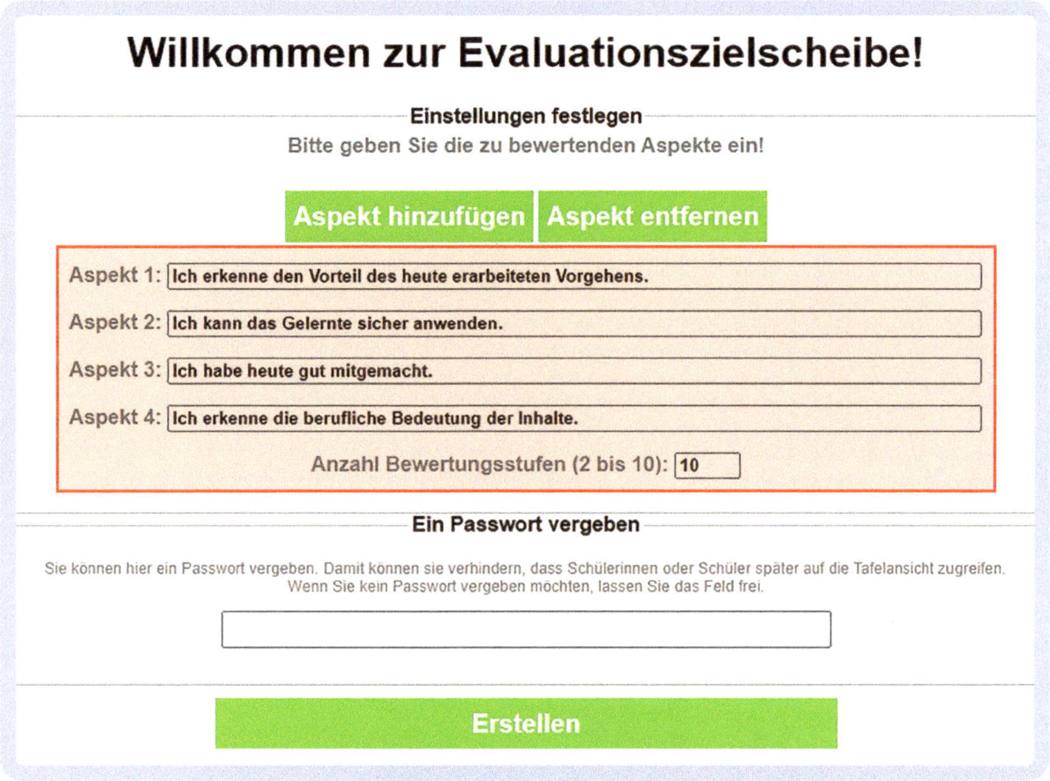

Willkommen zur Evaluationszielscheibe!

Einstellungen festlegen

Bitte geben Sie die zu bewertenden Aspekte ein!

Aspekt hinzufügen | Aspekt entfernen

Aspekt 1: Ich erkenne den Vorteil des heute erarbeiteten Vorgehens.

Aspekt 2: Ich kann das Gelernte sicher anwenden.

Aspekt 3: Ich habe heute gut mitgemacht.

Aspekt 4: Ich erkenne die berufliche Bedeutung der Inhalte.

Anzahl Bewertungsstufen (2 bis 10): 10

Ein Passwort vergeben

Sie können hier ein Passwort vergeben. Damit können sie verhindern, dass Schülerinnen oder Schüler später auf die Tafelansicht zugreifen. Wenn Sie kein Passwort vergeben möchten, lassen Sie das Feld frei.

Erstellen

Abbildung: ONCOO® Zielscheibe[52]

Nachdem Sie die gewünschten Aspekte zur Evaluation erstellt haben, erscheinen Zielscheibe und Code bzw. QR-Code, mit dem die Teilnehmenden zur Abstimmung gelangen.

[52] https://www.oncoo.de (abgerufen am 04.03.2023)

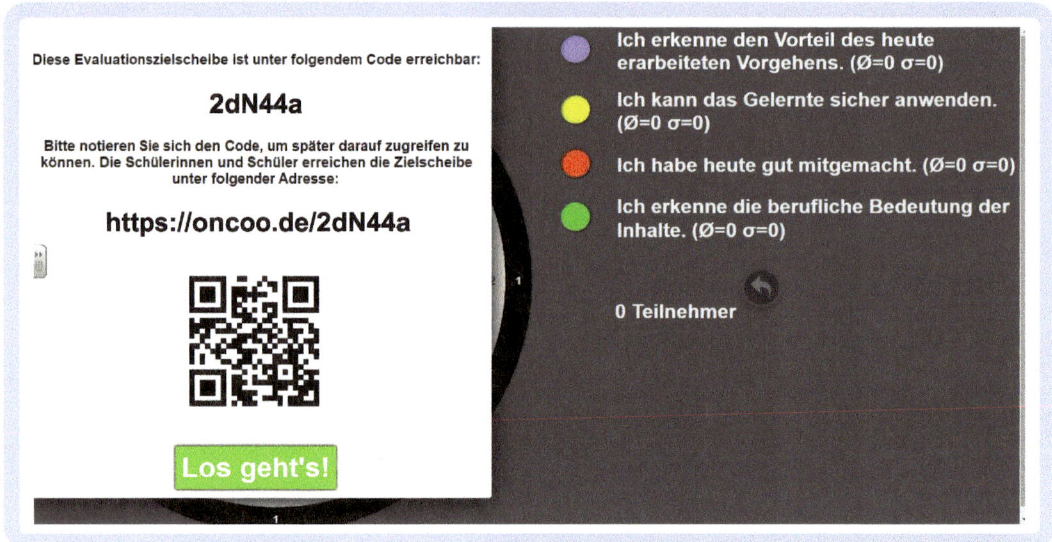

Abbildung: ONCOO® Zielscheibe [53]

Nun können die Teilnehmenden über ihr digitales Endgerät die einzelnen Aspekte in einem Punkteschema von 1 bis 10 bewerten. Über ein Endgerät kann nur einmal an der Abstimmung teilgenommen werden.

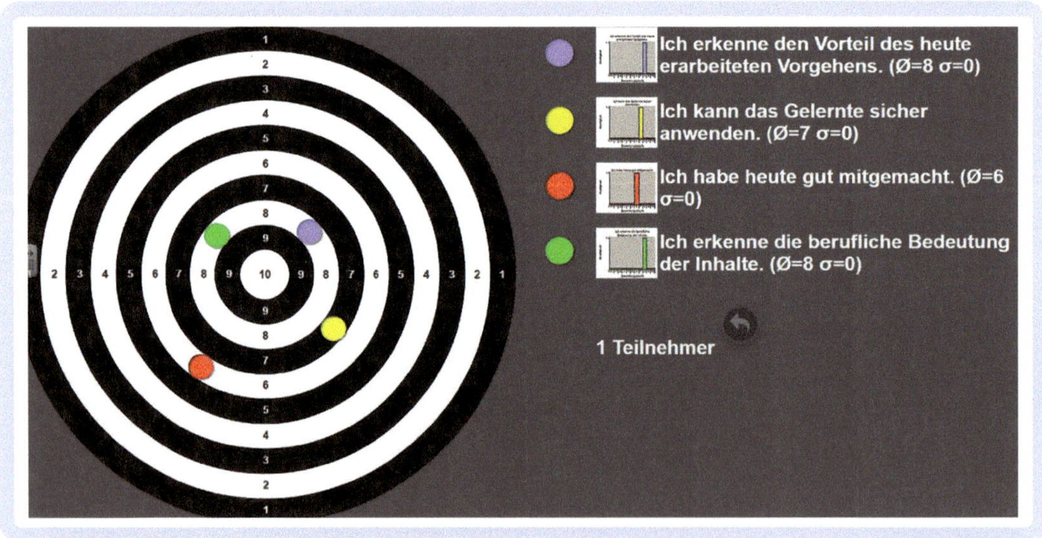

Abbildung: ONCOO®, Zielscheibe (Ergebnisse) [54]

[53] https://www.oncoo.de (abgerufen am 04.03.2023)
[54] https://www.oncoo.de (abgerufen am 04.03.2023)

Die Abbildung zeigt die Ergebnisse der Abstimmung sowie den Durchschnittswert und die Anzahl der Teilnehmenden.

Weitere Informationen erhalten Sie unter folgendem Link:

https://www.qrcode-monkey.com/de/#url	

2.5.3 Wortwolkentools

Mit Wortwolkentools wie „AnswerGarden" und „Mentimeter®" können Ideen zu einem Thema kollaborativ gesammelt und veranschaulicht werden. Die Tools sind sehr intuitiv und einfach anzuwenden und es sind keinerlei technische Vorkenntnisse erforderlich. Mit einem Zahlen- oder QR-Code können sich die Teilnehmenden eigenständig und ohne Anmeldung an der Erstellung der Wortwolke beteiligen. Der Zugang ist sehr niederschwellig und es kann mit jedem internetfähigen Endgerät mitgearbeitet werden

Diese Anwendungen können in verschiedenen unterrichtlichen Situationen eingesetzt werden, wie z. B.:

- Vorwissen zu einem bestimmten Thema aktivieren
- kollaboratives Erarbeiten von Ideen zu einem Thema
- anonym Rückmeldung zu einem bestimmten Thema geben
- Sammeln von Begriffen zu einem bestimmten Wortfeld
- kleine Umfragen von zu Hause aus gestalten

AnswerGarden

Diese Anwendung eignet sich besonders zum schnellen Sammeln von Vorwissen, Ideen, Schlagworten und Rückmeldungen. Dabei werden die von den Teilnehmenden eingegebenen Begriffe in Echtzeit zu einer Wortwolke generiert. Das Tool ist kostenlos und es wird weder eine Registrierung noch eine Eingabe persönlicher Informationen benötigt.

Die Erstellung einer AnswerGarden-Abfrage

Öffnen Sie die Internetseite www.AnswerGarden.ch und klicken Sie anschließend auf „create an new AnswerGarden“. Sie gelangen zu folgender Eingabemaske:

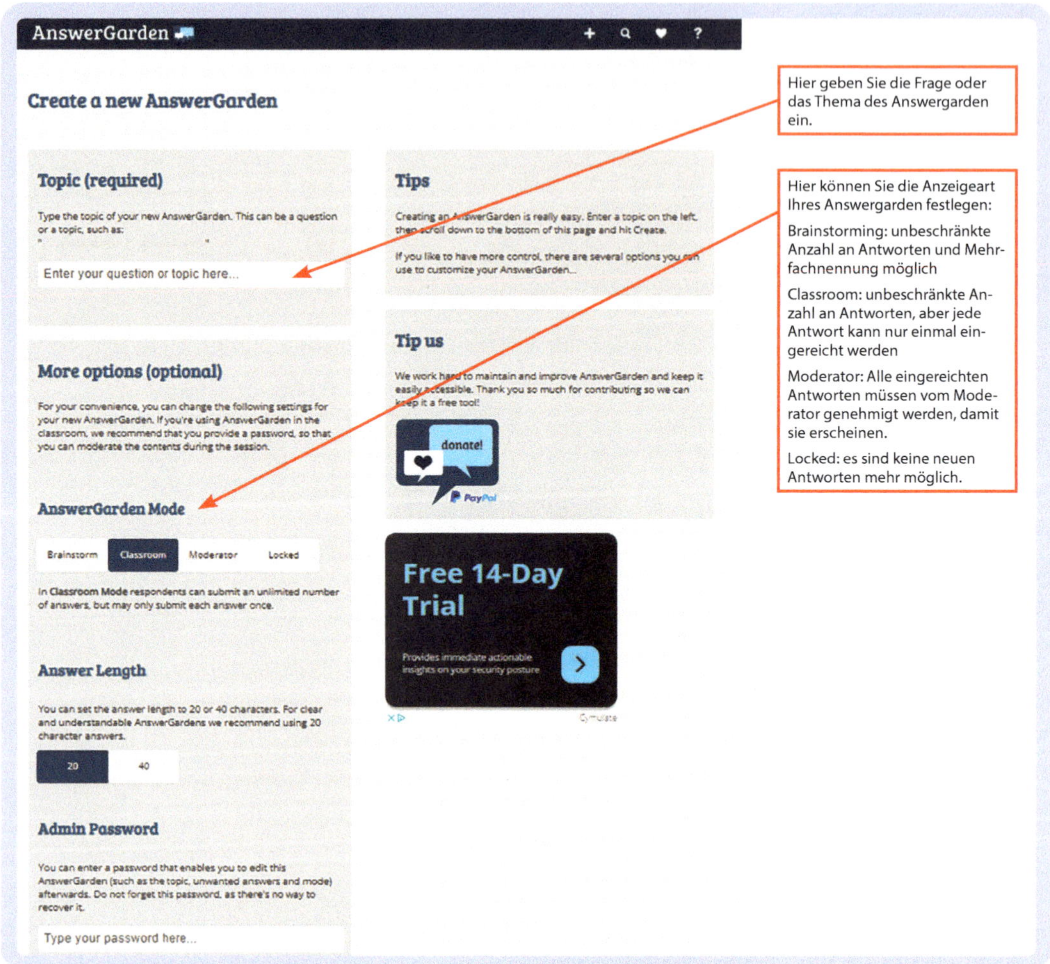

Abbildung: AnswerGarden Startseite[55]

[55] https://answergarden.ch (abgerufen am 04.03.2023)

So stellen Sie den AnswerGarden Teilnehmenden zur Verfügung

Bei der Erstellung eines neuen AnswerGardens wird automatisch ein Link generiert, den Sie den Teilnehmenden zur Verfügung stellen können.

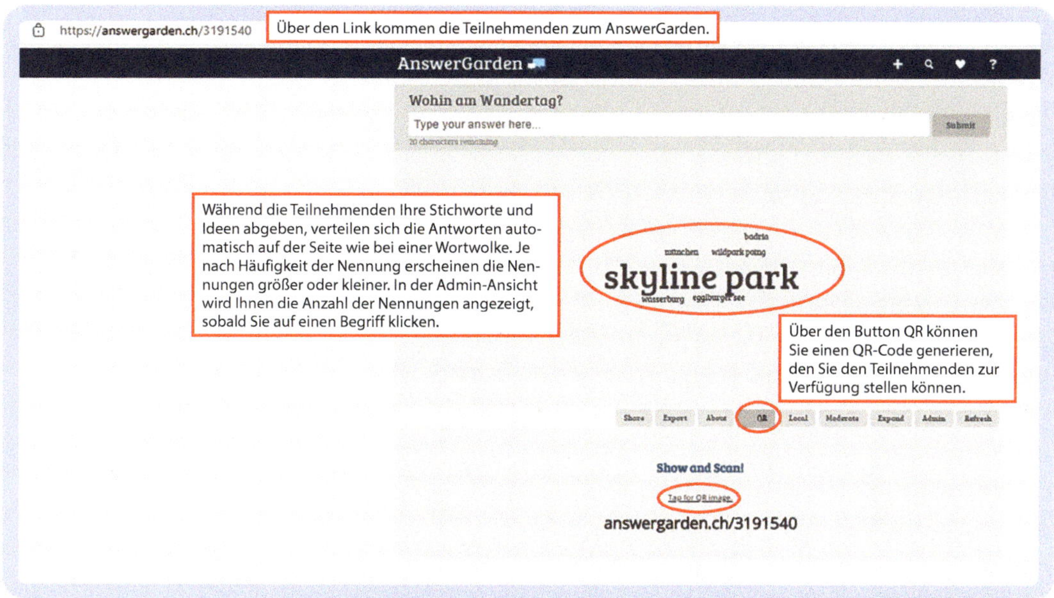

Abbildung: AnswerGarden Hauptansicht[56]

Als Admin können Sie weitere Einstellungen zum AnswerGarden vornehmen, wie z. B.:

Share: Teilen des AnswerGardens auf sozialen Netzwerken wie Facebook® oder Twitter®

Export: Exportieren der Ergebnisse sowie statistischer Werte

Admin: Festlegen eines Passworts

Refresh: Erneuern Sie die Website, um alle Eingaben zu sehen.

Weitere Informationen erhalten Sie unter folgendem Link:

https://www.youtube.com/watch?v=jS6pZI9E0iM	

[56] https://answergarden.ch (abgerufen am 04.03.2023)

2.5.4 QR-Codes erstellen

QR-Codes im Unterricht

QR-Codes sind zweidimensionale Barcodes, die verschiedenste Informationen enthalten können. Hinter ihnen verbergen sich meist Weblinks, die nach dem Scannen direkt auf die entsprechende Internetseite lotsen. Zum Scannen können neben Tablets auch Smartphones eingesetzt werden. Durch Öffnen der Kamera-App und Ausrichtung auf den QR-Code öffnet sich auf den meisten iOS®- und Android®-Geräten automatisch die verlinkte Seite. Alternativ kann auch eine App zum Scannen des QR-Codes verwendet werden.

QR-Codes sind im schulischen Kontext sehr vielfältig einsetzbar. Durch die darin hinterlegten Informationen können die Lernenden mithilfe eines digitalen Endgerätes sehr schnell zu damit verknüpften Browseradressen oder Apps gelangen. In folgender Übersicht sehen Sie Beispiele zur Verwendung von QR-Codes im Unterricht:

- schnelles Öffnen von Internetseiten und Videos (z. B. YouTube®)
- Tipps und Lösungen zu verschiedenen Aufgaben
- Verlinkung mit Erklärvideos
- Verweis auf Arbeitsaufträge
- Verlinkung zu Onlineaufgaben wie Learning-Apps, Rätsel, Schnitzeljagd
- zur Binnendifferenzierung (Interessen-, Leistungs- und Methodendifferenzierung mittels unterschiedlicher Materialangebote und Hilfestellungen für z. B. schwache Lesende, die einen Text als Tondokument erhalten)
- zur Gestaltung eines Audio-Feedbacks durch die Lehrkraft
- Erweitern von Arbeitsblättern/Unterrichtsmaterialien mit multimedialen Elementen
- zum selbstgesteuerten Lernen durch Zugriff auf „Musterlösungen“
- Schülerbeteiligung bei kollaborativen Tools und interaktiven Präsentationen, wie z. B. Mentimeter®

2.5.4.1 Erstellen von QR-Codes mit dem iPad®

Wenn Sie ein iPad® oder iPhone® nutzen, haben Sie die Möglichkeit, in wenigen Schritten durch Anlegen eines Kurzbefehls direkt QR-Codes zu generieren. Eine ausführliche Anleitung dazu finden Sie unter folgendem YouTube®-Video:

https://www.youtube.com/watch?v=xHAjAzvr3LI	

2.5.4.2 Erstellen von QR-Codes über den Browser

Im Internet finden Sie eine Reihe von kostenlosen Tools zur Erstellung von QR-Codes. Diese ähneln sich in der Anwendung und die Generierung von Codes ist sehr unkompliziert. Webseiten wie

- http://goqr.me/de
- https://www.the-qrcode-generator.com/de/
- https://www.qrcode-monkey.com/de/

ermöglichen die einfache und kostenlose Generierung von Codes, hinter denen sich Text, URLs oder Kontaktdaten einer Person verbergen. Diese können dann z. B. heruntergeladen werden und in ein Printdokument (z. B. Arbeitsblatt) integriert werden oder den Lernenden digital zur Verfügung gestellt werden (z. B. in TaskCards).

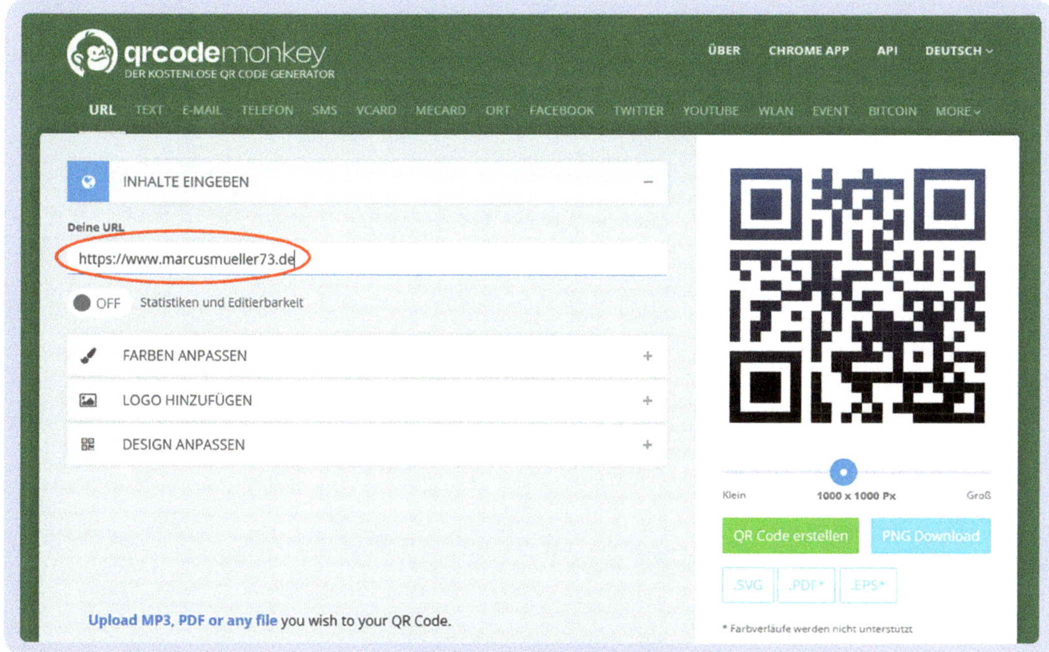

Abbildung: qrcodemonkey[57]

Die Abbildung zeigt die Möglichkeit, QR-Codes über das Tool qrcodemonkey zu erstellen. Hierbei können Sie zu unterschiedlichen Medien QR-Codes erstellen. Das Beispiel zeigt die Generierung eines QR-Codes zu einer Webseite. Sie geben die gewünschte URL ein, passen das Design an oder fügen ein Logo hinzu und klicken auf den Button „QR-Code erstellen". Dadurch wird ein neuer QR-Code generiert, den sie in verschiedenen Formaten downloaden können (z. B. als PDF- oder PNG-Datei).

[57] https://www.qrcode-monkey.com/de/ abgerufen am 04.03.2023

Unter folgenden Links finden Sie eine Vielzahl an Möglichkeiten, wie QR-Codes in Arbeitsblätter und Unterrichtsmaterialien eingebunden werden können.

https://lehrerfortbildung-bw.de/st_digital/tablet/fortbildungen/tablet2/02-lernstationen/s02-qrcodes/06-docs/02-QR-Codes-Gesamt.doc	
https://tollerunterricht.com/wp-content/uploads/dlf-nina-toller-erstellen-und-anwenden-von-qr-codes.pdf	
https://www.youtube.com/watch?v=u1o3aZGbxEo	

2.5.5 Vocaroo – einfach Audiofeedback geben

Vocaroo (https://vocaroo.com) ist ein kostenloses Tool für die Aufnahme von Sprachnachrichten. Es ist weder eine Installation noch eine Anmeldung nötig.

Mit diesem Tool haben Sie oder Ihre Lernenden die Möglichkeit, Sprachaufzeichnungen aufzunehmen, anzuhören, die Aufnahme zu wiederholen, zu speichern und anschließend zu teilen. Um diese Funktion nutzen zu können, muss lediglich der Zugriff der Webseite auf das Mikrofon zugelassen werden.

Für den Unterricht ergeben sich folgende Möglichkeiten:

- Mündliche Hausaufgaben können bei der Lehrkraft per Mail abgegeben oder auf eine Lernplattform hochgeladen werden.
- Vocaroo kann mittels „Widgets" direkt in eine Lernplattform integriert werden, sodass Lernende die Lernplattform nicht verlassen müssen, um das Tool zu nutzen.
- Sie können Audiofeedbacks aufnehmen und den Lernenden per Mail oder QR-Code zukommen lassen.

Beachten Sie bitte einen datenschutzkonformen Umgang mit Sprachaufnahmen und holen Sie sich das Einverständnis der Lernenden und der Erziehungsberechtigten ein.

2.5.6 Qwiqr – das vielfältige Feedbacktool

Ein sehr nützliches Tool, um Ihren Lernenden ein Feedback zu geben, ist Qwiqr. Dieses können Sie direkt über Ihren Browser aufrufen (https://qwiqr.education/).

Um diese Anwendung nutzen zu können, müssen Sie im Vorfeld einen Account anlegen. Alternativ können Sie sich auch mit Ihrem Google®-, Microsoft®- oder Twitter®-Account anmelden.

In der Basisversion kann eine Rückmeldung über Sprachaufnahme, Text oder Bild erfolgen. In der Premiumversion (ca. 1,70 €/Monat) können Sie z. B. zusätzlich Ihr Feedback über Video geben oder Ihr Feedback nach der Veröffentlichung noch bearbeiten.

Es gibt zwei Möglichkeiten, Ihr individuell erstelltes Feedback zu versenden:

1. durch einen Code oder einen Link, der automatisch generiert wird
2. durch einen automatisch generierten Barcode zum Ausdrucken

Abbildung: Qwiqr Startseite[58]

Im Folgenden soll der Weg zur Erstellung eines Codes oder Links genauer beschrieben werden. Klicken Sie auf die Option „Create instant feedback“ und Sie gelangen unmittelbar zu folgender Seite:

[58] https://qwiqr.education (abgerufen am 04.03.2023)

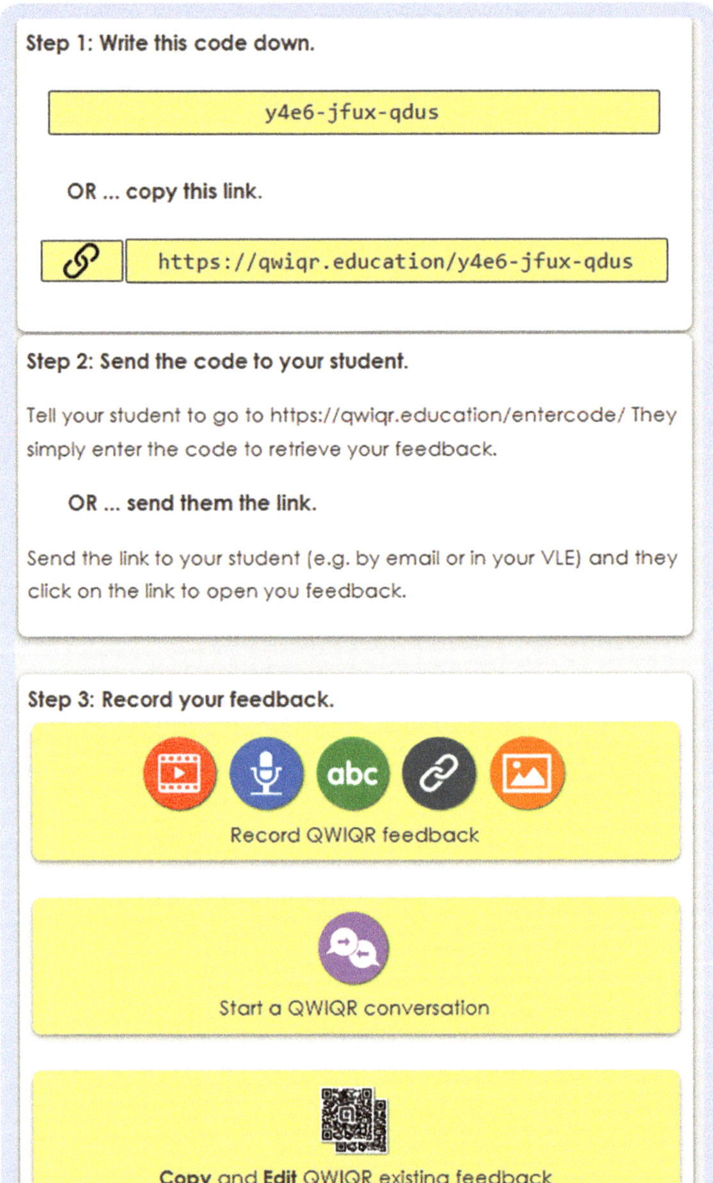

Abbildung: Qwiqr Create instant feedback[59]

Kopieren Sie zunächst den automatisch generierten Link und versenden Sie diesen an den Schüler oder die Schülerin. Alternativ können Sie auch nur den Code kopieren und ihn verschicken. Dieser wird dann auf der Seite https://qwiqr.education/entercode/ eingegeben und Ihr Feedback kann gelesen oder gehört werden.

[59] ebd. (abgerufen am 04.03.2023)

In einem weiteren Schritt verfassen Sie Ihr Feedback für die entsprechende Schülerin bzw. den entsprechenden Schüler. Hierzu wählen Sie das Medium aus, über das Sie Ihre Rückmeldung verfassen wollen (Sprachnachricht, Text oder Bild in der Basisversion).

Abbildung: Qwiqr Feedback[60]

Nachdem Sie sich für eine oder mehrere Optionen (z.B. Feedback über Sprachnachricht und Text) entschieden haben, können Sie Ihr Feedback verfassen. Sobald Sie es erstellt haben, ist es für Ihre Lernenden unter dem zuvor versandten Link abrufbar.

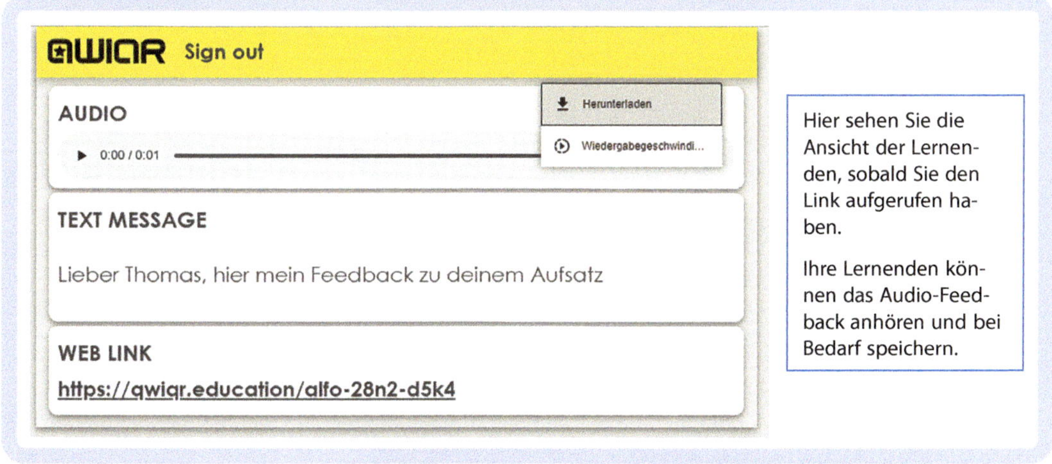

Hier sehen Sie die Ansicht der Lernenden, sobald Sie den Link aufgerufen haben.

Ihre Lernenden können das Audio-Feedback anhören und bei Bedarf speichern.

Abbildung: Qwiqr Audio-Feedback[61]

Vorteile eines Audiofeedbacks

Mit diesem Tool haben Sie die Möglichkeit, schriftliche Korrekturen oder Randbemerkungen, die häufig von den Lernenden nicht umfassend zur Kenntnis genommen werden, durch Audiofeedbacks zu ersetzen.

60 https://qwiqr.education (abgerufen am 04.03.2023)
61 ebd. (abgerufen am 04.03.2023)

Ein Audiofeedback ist:

- niederschwellig zu nutzen
- schnell und einfach umsetzbar
- eine sehr persönliche Form des Feedbacks
- weniger zeitaufwändig als eine schriftliche Rückmeldung
- für Lernende jederzeit abrufbar und wiederholt anhörbar
- in Art und Umfang variabel und individuell anpassbar

Ein YouTube®-Tutorial zu Erstellung eines Audiofeedbacks mit dem iPad® und Qwiqr können Sie hier abrufen:

https://unterrichten.digital/2020/05/05/audiofeedback-qwiqr/	

3 Kreativ produzieren, Zusammenhänge darstellen und präsentieren

3.1 Explain everything – das digitale Whiteboard

Explain everything ist ein kostenpflichtiges, aber sehr umfassendes Tool, das viele Möglichkeiten des kollaborativen und webbasierten Unterrichtens in sich vereint. Die Funktionsweise gleicht der eines Whiteboards. Die App eignet sich für alle unterrichtlichen Bereiche, wie z. B. der Erarbeitung von Themen, dem Visualisieren von Zusammenhängen, der Sicherung von Unterrichtsergebnissen und Präsentation sowie dem einfachen Erstellen von Screencasts. Zudem bietet die App vielfältige Möglichkeiten für die Nutzung von Lern- und Erklärvideos.

Technische Anforderungen

Um die App in allen Funktionen sinnvoll nutzen zu können, sollten Lehrkraft und alle Lernenden mit einem Tablet ausgestattet sein sowie WLAN, ein Beamer und eine Leinwand bzw. eine geeignete Projektionsfläche vorhanden sein. Die App ist im Android®- und iOS®-Betriebssystem erhältlich. Am benutzerfreundlichsten und umfangreichsten ist jedoch die iOS®-App.

Nutzung und Kosten

Neben einer kostenlosen Testversion für Privatanwendende werden zwei unterschiedliche Versionen von Explain Everything angeboten:

- ExplainEDU: Hier ist keine Onlinekollaboration möglich, alle Ergebnisse werden lokal auf dem Gerät gespeichert, die Anwendung ist nur auf iOS®-Geräte beschränkt.
- Explain Everything Whiteboard: Möglichkeit der Echtzeitkollaboration möglich

Die App kostet in der Basisversion für Lehrende 34,99 € jährlich (Stand August 2022). Als Bildungsabonnement besteht die Möglichkeit, ein Abo für eine Lehrkraft und bis zu 100 Lernenden für 129,99 € jährlich abzuschließen. Eine Registrierung der Lernenden ist nicht vorgesehen, somit ist die Nutzung datenschutzrechtlich unbedenklich.

Pädagogische Kriterien und Einsatzmöglichkeiten im Unterricht

Mit diesem Tool werden die Lernenden von passiven Zuhörerinnen und Zuhörer zu aktiven Mitgestaltenden. Durch das selbstständige Erarbeiten von Unterrichtsinhalten, z. B. durch die Produktion von Lernvideos, setzen sich die Lernenden eigenständig mit Lerninhalten auseinander. So werden sie in einem hohen Maß zur Eigeninitiative sowie zur Kreativität und Kollaboration aufgefordert.

Die Lehrkraft kann dabei in den Hintergrund treten und beratend und moderierend agieren.

Die Anwendung eignet sich vor allem für:

- **Das Zusammentragen von Informationen zu einem Themenbereich sowie zu Unterthemen:** Durch zahlreiche Gestaltungs- und Sortierungsmöglichkeiten können Inhalte übersichtlich strukturiert werden.
- **Das kooperative Sammeln von Ergebnissen aus dem Unterricht und den gemeinsamen Austausch:** Erarbeitete Inhalte können gemeinsam besprochen und diskutiert und durch die Audiokommentarfunktion die Inhalte überarbeitet und gemeinsam weiterentwickelt werden.
- **Die Umgestaltung analoger Arbeitsmaterialien in digitale, teils interaktive Formate:** So können zum Beispiel Arbeitsblättern interaktive Inhalte hinzugefügt werden.
- **Den Einsatz in der Erarbeitungsphase:** Die Inhalte werden in Folienform anschaulich visualisiert. Dabei können die Folien entweder zu Hause vorbereitet oder im Unterricht gemeinsam entwickelt werden.
- **Das einfache und schnelle Erstellen von Screencasts und Erklärvideos:** Mithilfe des „Record"-Buttons lassen sich durch Erklärung der visualisierten Inhalte sehr ansprechende Erklärvideos generieren. Aufeinanderfolgende Erklärungen werden dabei durch das Folienprinzip unterstützt.
- **Zum Ausbau einer Feedbackkultur durch das Erstellen von Audiofeedbacks:** In Arbeitsergebnisse lassen sich einfach Audiokommentare einfügen, die die Lernenden direkt erhalten können.

In folgender Darstellung erhalten Sie eine Übersicht über die Grundfunktionen.

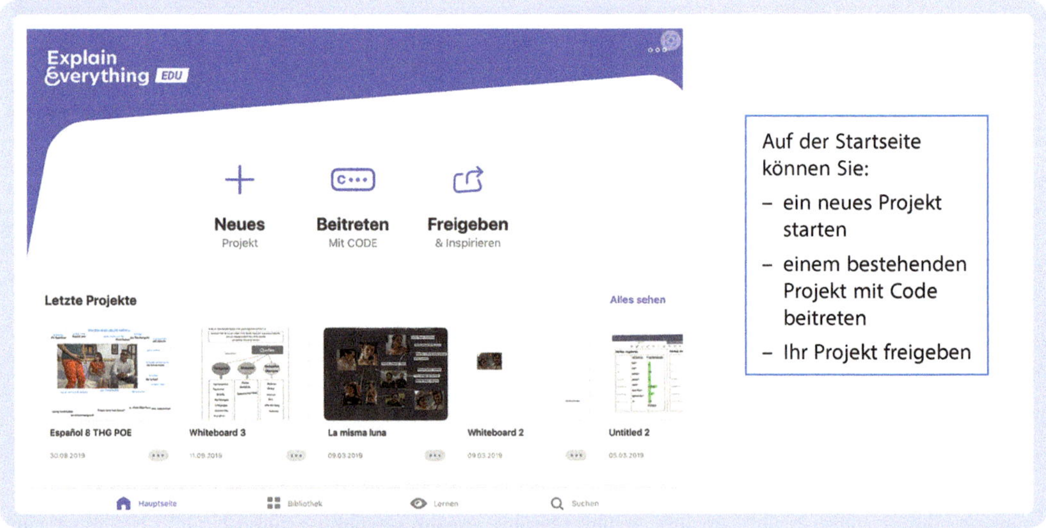

Abbildung: Explain everything Übersicht Grundfunktionen[62]

[62] https://www.iqesonline.net/bildung-digital/unterrichtsideen-lernmaterialien-und-tools/apps-tools/explain-everything/ (abgerufen am 04.03.2023)

Neue Projekte anlegen

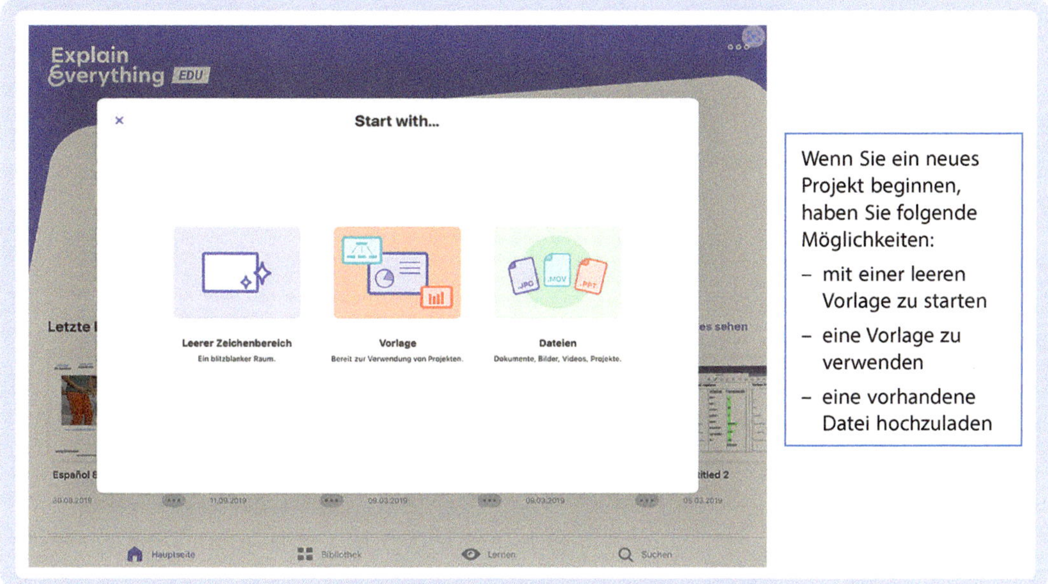

Wenn Sie ein neues Projekt beginnen, haben Sie folgende Möglichkeiten:

- mit einer leeren Vorlage zu starten
- eine Vorlage zu verwenden
- eine vorhandene Datei hochzuladen

Abbildung: Explain everything, neues Projekt beginnen[63]

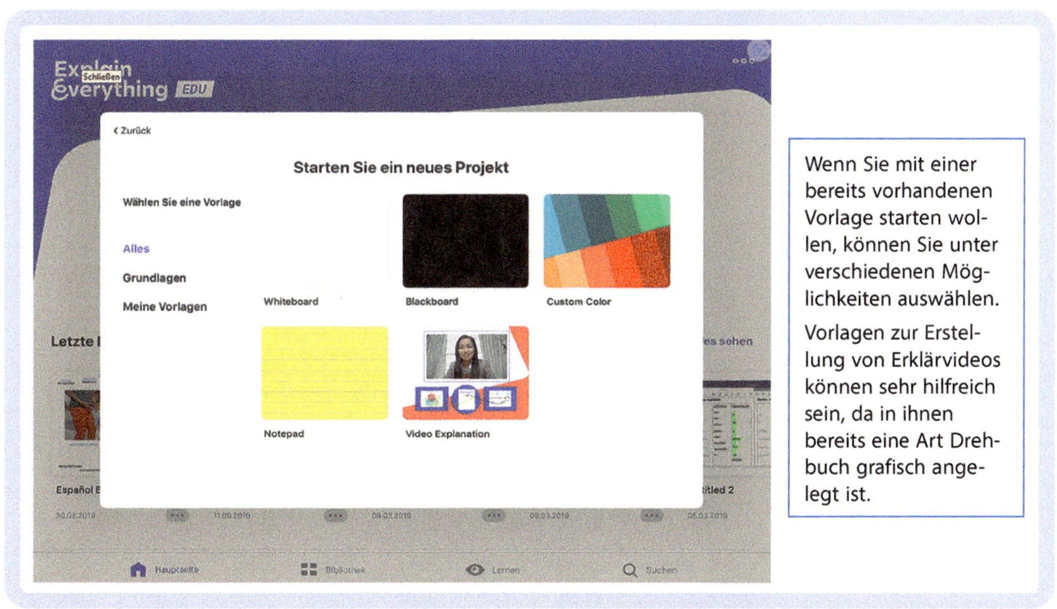

Wenn Sie mit einer bereits vorhandenen Vorlage starten wollen, können Sie unter verschiedenen Möglichkeiten auswählen.

Vorlagen zur Erstellung von Erklärvideos können sehr hilfreich sein, da in ihnen bereits eine Art Drehbuch grafisch angelegt ist.

Abbildung: Explain everything, Vorlage auswählen[64]

---

[63] https://www.iqesonline.net/bildung-digital/unterrichtsideen-lernmaterialien-und-tools/apps-tools/explain-everything/ (abgerufen am 04.03.2023)

[64] ebd. (abgerufen am 04.03.2023)

Beispiel: Die Vorlage Whiteboard nutzen

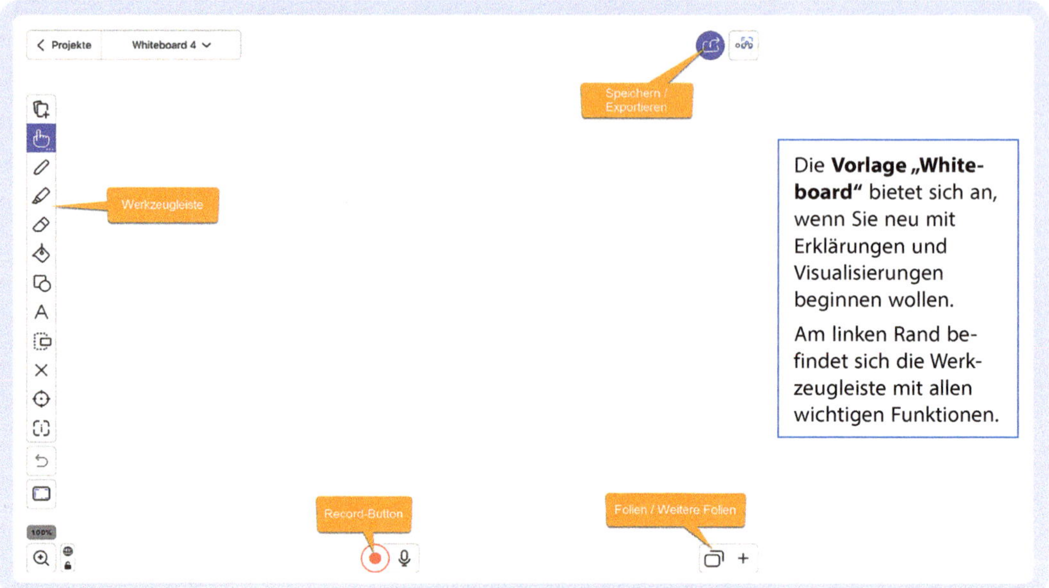

Abbildung: Explain everything, Whiteboard-Vorlage[65]

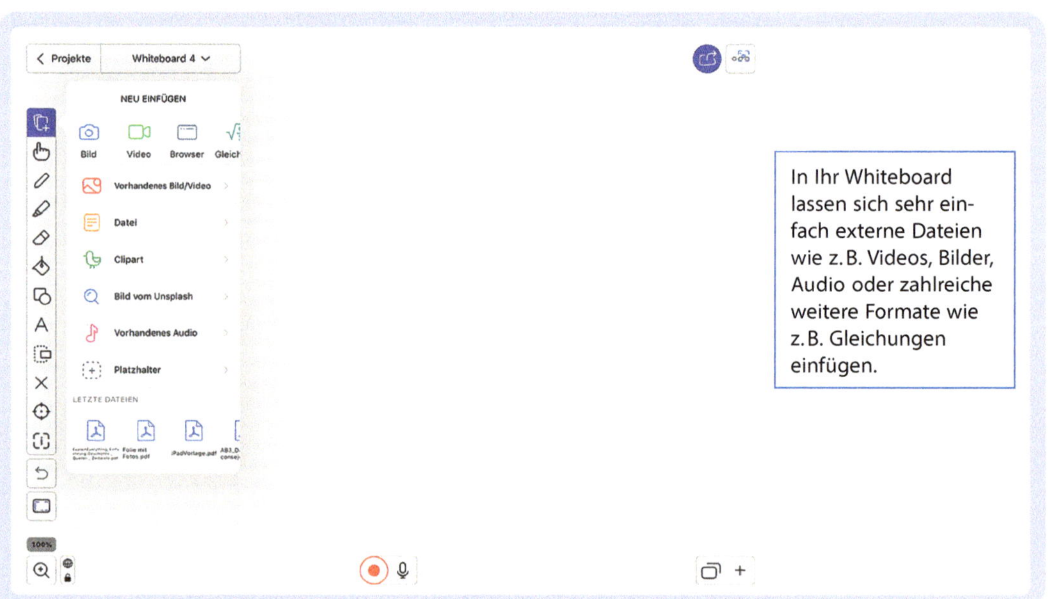

Abbildung: Explain everything, Einfügen von Dateien in Whiteboard-Vorlage[66]

65 https://www.iqesonline.net/bildung-digital/unterrichtsideen-lernmaterialien-und-tools/apps-tools/explain-everything/ (abgerufen am 04.03.2023)

66 ebd. (abgerufen am 04.03.2023)

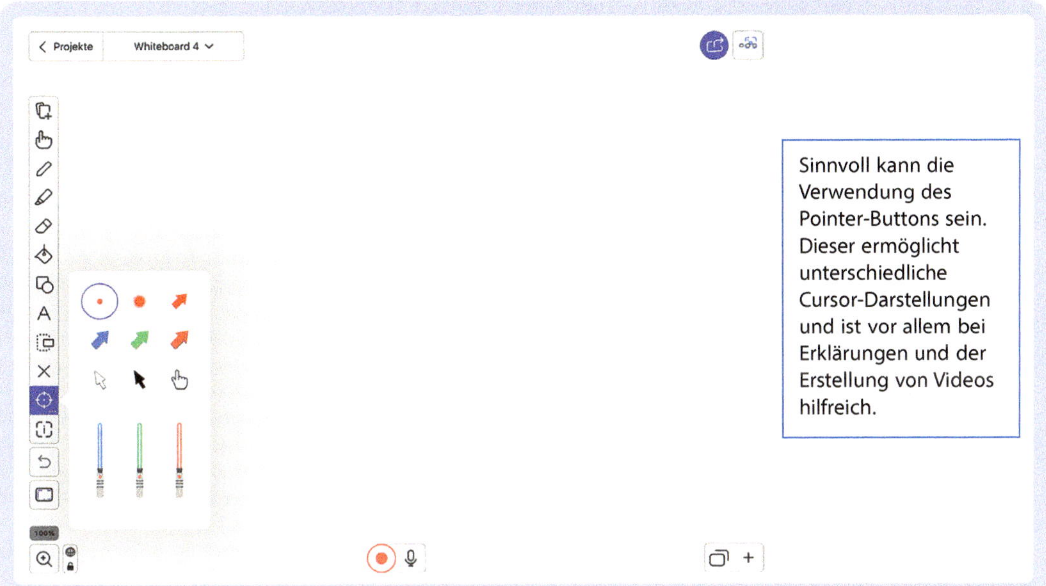

Abbildung: Explain everything, Pointer-Button [67]

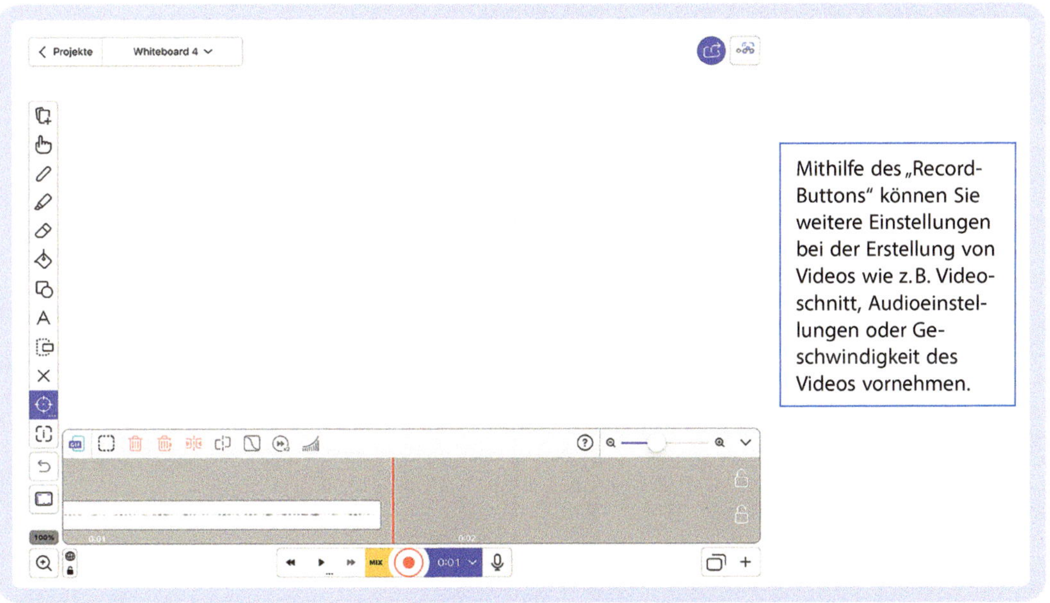

Abbildung: Explain everything, Record-Button [68]

[67] https://www.iqesonline.net/bildung-digital/unterrichtsideen-lernmaterialien-und-tools/apps-tools/explain-everything/ (abgerufen am 04.03.2023)
[68] ebd. (abgerufen am 04.03.2023)

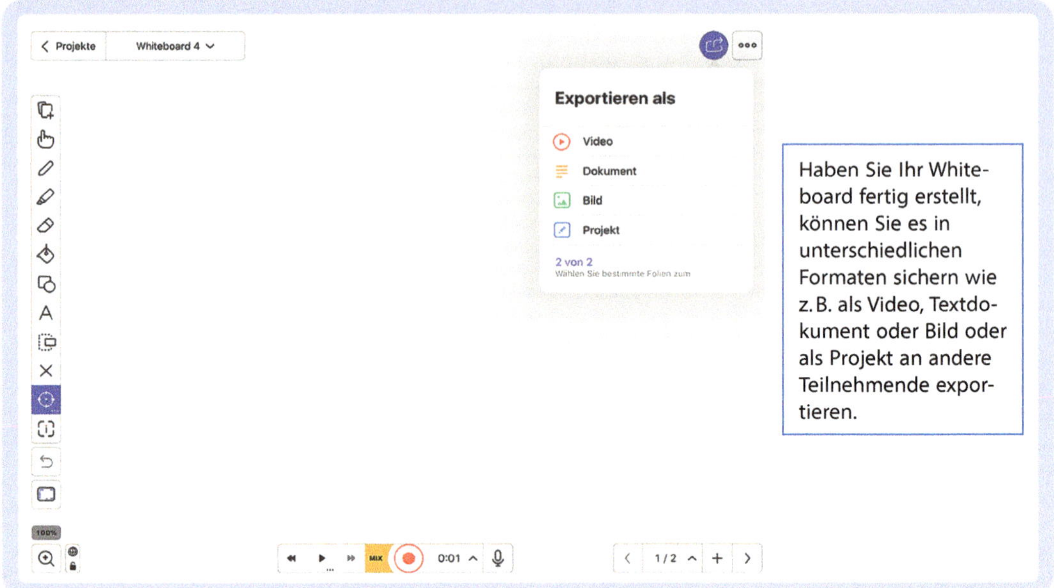

Abbildung: Explain everything, exportieren[69]

Weiterführende Informationen zu Explain Everything finden Sie unter folgenden Links:

Beschreibung https://www.iqesonline.net/bildung-digital/unterrichtsideen-lernmaterialien-und-tools/apps-tools/explain-everything/	
Videotutorial allgemein – für Einsteigerinnen und Einsteiger https://digitale-schule.net/apps/explain-everything	
YouTube®-Video Das Tablet als Tafel, Flipchart und bei Vorträgen, Teil 1: Oberfläche https://www.youtube.com/watch?v=i0pBddkcbtg	

[69] https://www.iqesonline.net/bildung-digital/unterrichtsideen-lernmaterialien-und-tools/apps-tools/explain-everything/ (abgerufen am 04.03.2023)

YouTube®-Video Das Tablet als Tafel, Flipchart und bei Vorträgen, Teil 2: Werkzeuge https://www.youtube.com/watch?v=Xuxws6Z7J6A	
YouTube®-Video Das Tablet als Tafel, Flipchart und bei Vorträgen, Teil 3: Digitale Einträge https://www.youtube.com/watch?v=c_KEASIBJEY	

3.2 Simpleshow® – einfach und schnell Erklärvideos erstellen

Die Anwendung Simpleshow® (https://www.mysimpleshow.com/) ist eine Weboberfläche zur einfachen Erstellung von Erklärvideos. Für den Bildungsbereich ist die Nutzung kostenfrei. Nach der Registrierung müssen Sie lediglich dem Betreiber nachweisen, dass Sie als Lehrkraft tätig sind.

Mit dieser App können Sie sehr schnell eigene Videos produzieren, da eine Vielzahl an Vorlagen für unterschiedliche Anlässe die Produktion erleichtert. Der Editor führt Sie in mehreren Schritten durch die Erstellung eines Erklärvideos.

Nach der Auswahl einer Videovorlage muss zunächst das Skript zum Video verfasst werden. Danach kann die Auswahl der Bilder erfolgen. Die Anwendung erkennt aufgrund des eingegebenen Textes automatisch Schlüsselbegriffe und generiert daraus passende Grafiken, die Sie verwenden oder aber auch austauschen können.

Der Wechsel zwischen den einzelnen Szenen erfolgt automatisch durch eine Wischgeste. Die Videos werden im kostenfreien Tarif durch eine begrenzte Auswahl an Hintergrundmusik und computergenerierten Stimmen unterlegt.

Da die Computerstimmen jedoch häufig etwas holprig klingen, empfiehlt es sich, eine eigene Sprachaufnahme anzufertigen. Diese kann entweder direkt in der Anwendung aufgenommen werden oder als Audiodatei hochgeladen werden. Zudem können Sie Untertitel hinzufügen, die aus dem zuvor geschriebenen Skript generiert werden.

In folgender Darstellung erhalten Sie eine Übersicht über die Grundfunktionen.

Erstellung eines neuen Videos

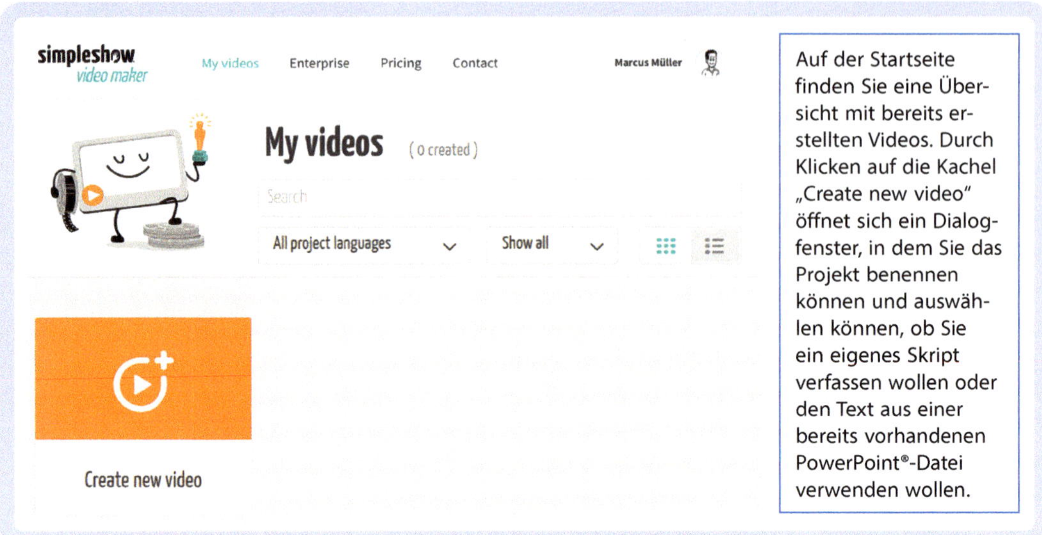

Auf der Startseite finden Sie eine Übersicht mit bereits erstellten Videos. Durch Klicken auf die Kachel „Create new video" öffnet sich ein Dialogfenster, in dem Sie das Projekt benennen können und auswählen können, ob Sie ein eigenes Skript verfassen wollen oder den Text aus einer bereits vorhandenen PowerPoint®-Datei verwenden wollen.

Abbildung: Simpleshow® Startseite[70]

Auswahl aus verschiedenen Vorlagen

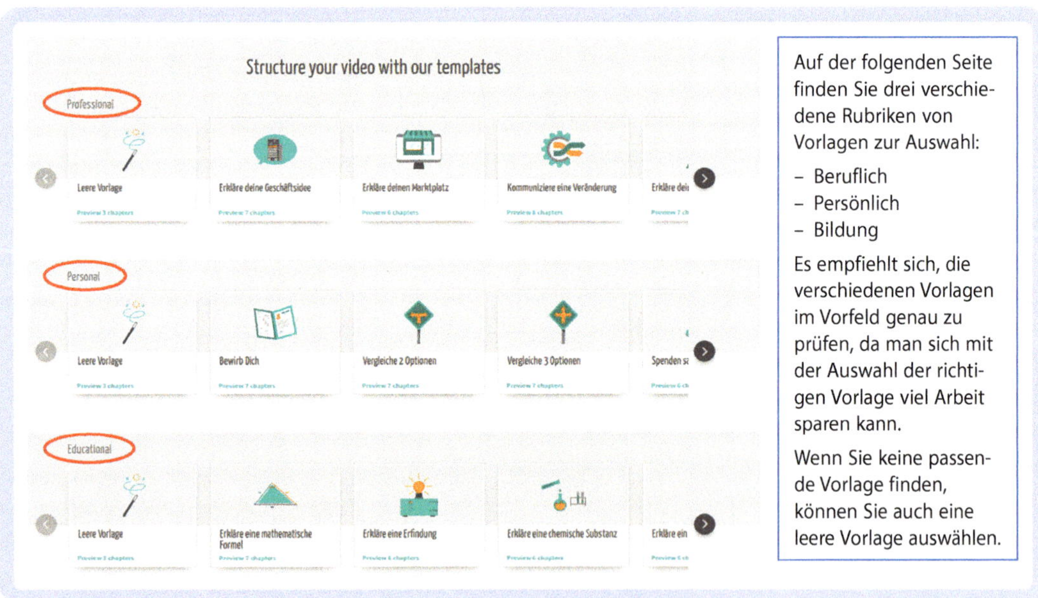

Auf der folgenden Seite finden Sie drei verschiedene Rubriken von Vorlagen zur Auswahl:

- Beruflich
- Persönlich
- Bildung

Es empfiehlt sich, die verschiedenen Vorlagen im Vorfeld genau zu prüfen, da man sich mit der Auswahl der richtigen Vorlage viel Arbeit sparen kann.

Wenn Sie keine passende Vorlage finden, können Sie auch eine leere Vorlage auswählen.

Abbildung: Simpleshow®, Vorlagen[71]

[70] https://website.simpleshow.com/#!/dashboard (abgerufen am 04.03.2023)
[71] https://website.simpleshow.com/#!/dashboard (abgerufen am 04.03.2023)

Verfassen des Skripts

Im folgenden Beispiel wurde die Vorlage „Erkläre eine mathematische Formel" gewählt.

Die Vorlage umfasst sieben Schritte:

- Titel wählen
- Problem schildern
- Hinleitung durch Darstellung des Hintergrundwissens
- Erklärung der mathematischen Formel
- Veranschaulichung anhand eines praktischen Beispiels
- Darstellung des Ergebnisses
- Abrundung zum Thema (weitere Fakten, Witziges etc.)

Sie werden automatisch durch die Erstellung des Skripts geleitet und finden in der rechten Spalte zwei Beispiele.

Beispielhaft sehen Sie die ersten drei Schritte in folgender Abbildung.

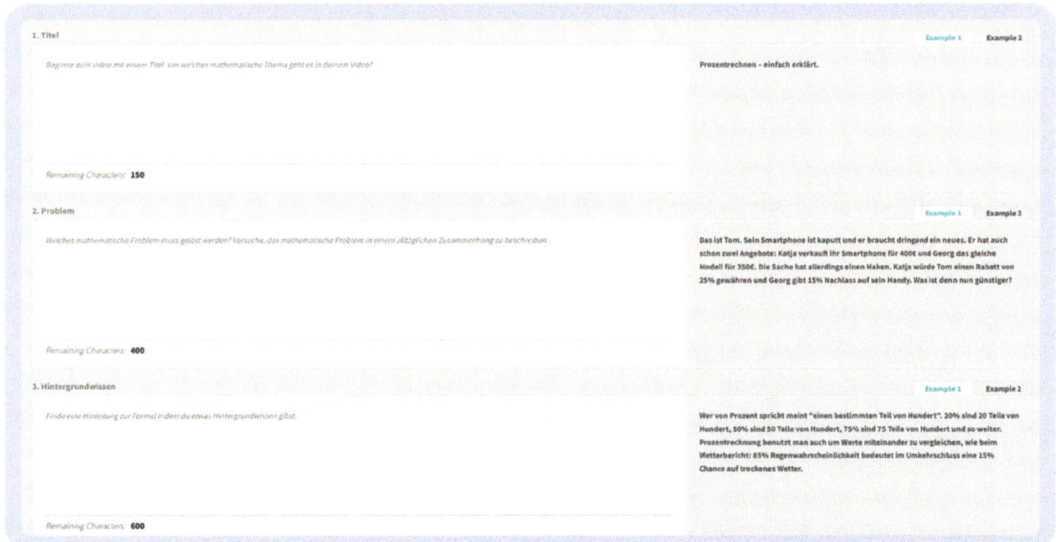

Abbildung: Simpleshow®, Erstellen des Skripts[72]

Bebildern des Videos

Wenn Sie Ihr Skript erstellt haben, klicken Sie rechts unten auf „Visualize". Die Anwendung generiert daraufhin automatisch die einzelnen Szenen Ihres Erklärvideos aufgrund des von Ihnen eingegebenen Textes.

[72] https://website.simpleshow.com/#!/dashboard (abgerufen am 04.03.2023)

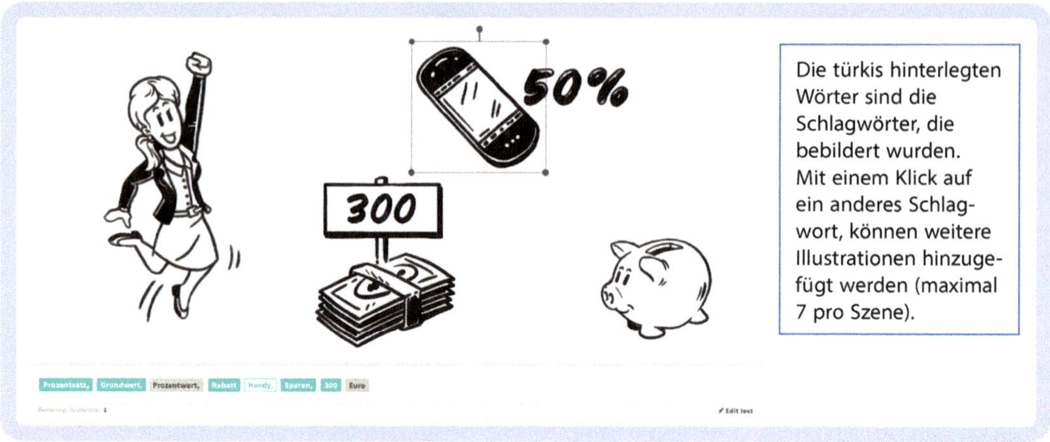

Abbildung: Simpleshow®, Bebildern des Videos [73]

Schauen Sie sich zunächst die aktuelle Version des Videos an und klicken Sie dazu rechts oben auf den roten Button „Video abspielen".

Sie können im Anschluss die vorgeschlagenen Grafiken übernehmen oder im Bearbeitungsmenü auf der rechten Seite andere Grafiken auswählen.

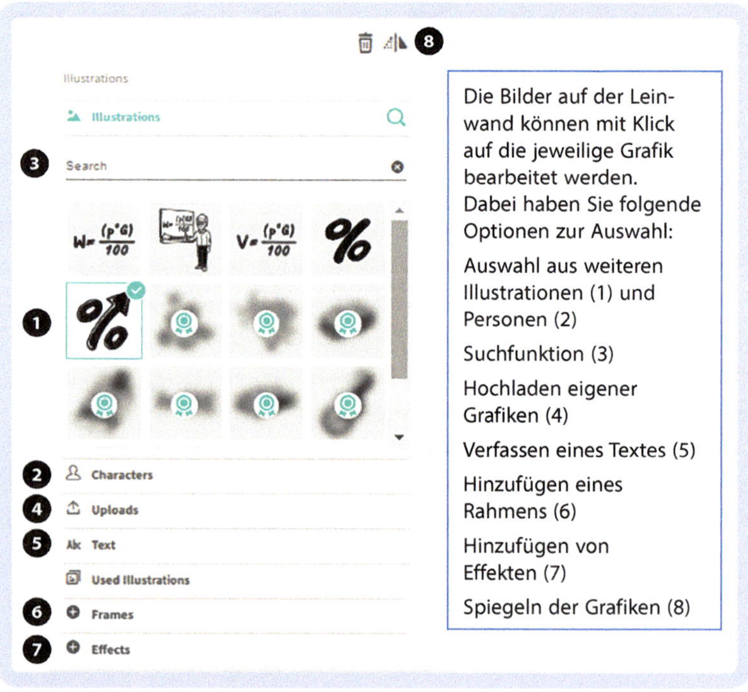

Abbildung: Simpleshow®, Bearbeitungsmenü [74]

[73] ebd. (abgerufen am 04.03.2023)
[74] https://website.simpleshow.com/#!/dashboard (abgerufen am 04.03.2023)

Zudem haben Sie die Möglichkeit, neue Szenen hinzuzufügen. Klicken Sie dazu auf den „+"-Button in der Mitte zwischen den Szenen.

Fertigstellen des Videos

Klicken Sie dazu im oberen Bildschirmrand auf die Option „Finalize".

Im Anschluss können Sie zur Finalisierung noch weitere Einstellungen vornehmen, wie z. B.:

- Geschwindigkeit (1) und die Handanimation (2) des Videos anpassen
- das Video erneut abspielen und prüfen (3)
- Hintergrundfarbe wählen (4)

Sind Sie mit dem Video zufrieden, klicken Sie auf „Finalize Video", anschließend auf „OK" und das Video wird verarbeitet.

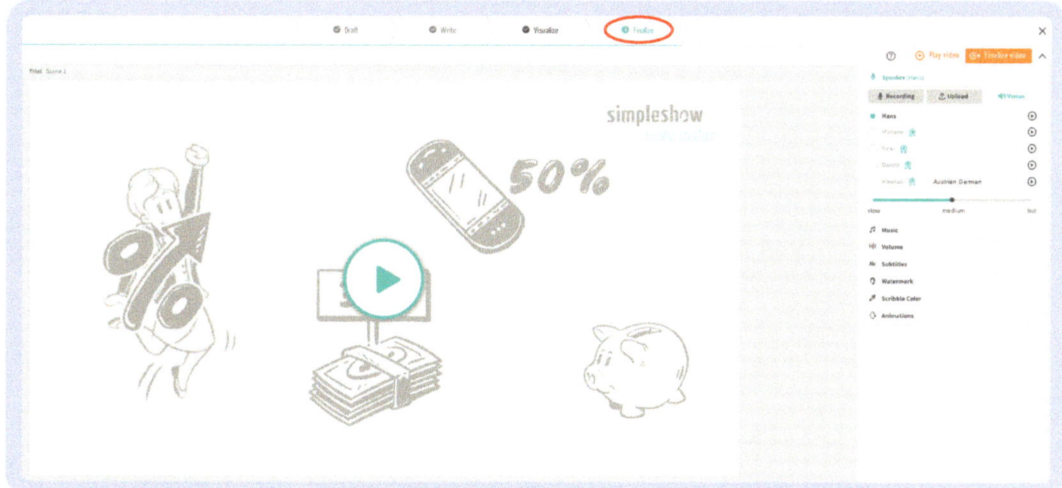

Abbildung: Simpleshow®, Finalize[75]

[75] https://website.simpleshow.com/#!/dashboard (abgerufen am 04.03.2023)

Video teilen

Wenn Ihr Video fertig verarbeitet ist, werden Sie automatisch per E-Mail darüber informiert. Wenn Sie auf den Link in der Mail klicken, können Sie das Video herunterladen.

Abbildung: Simpleshow®, Video teilen [76]

Beispielvideos finden Sie unter folgenden Links:

https://www.youtube.com/watch?v=1cm6JMokUvU	
https://videomaker.simpleshow.com/de/beispielclips/	

[76] https://website.simpleshow.com/#!/dashboard (abgerufen am 04.03.2023)

3.3 Erklärvideos mit PowerPoint® erstellen

Erklärvideos können auf einfache Weise auch über PowerPoint® erstellt werden. Sie können dazu eine bereits vorhandene animierte Präsentation verwenden oder eine neue erstellen. Diese wird anschließend so bearbeitet, dass PowerPoint® ein Video daraus generiert und Ihre Stimme aufnimmt. Zur Audioaufnahme können Sie das in Ihrem Endgerät integrierte Mikrofon verwenden. Zur Generierung qualitativ besserer Audioaufnahmen ist eine externes Mikrofon ratsam.

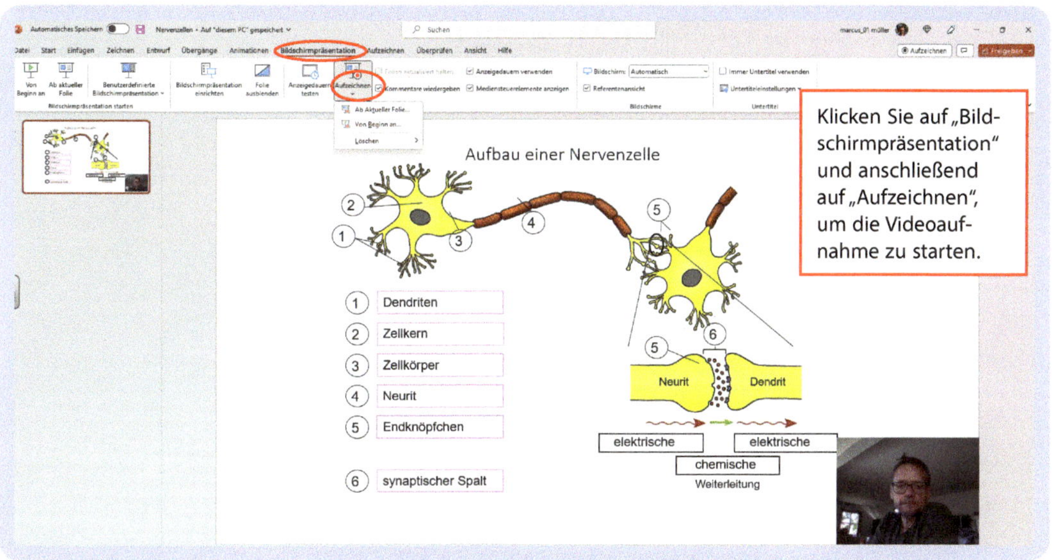

Abbildung: PowerPoint®, Audioaufnahme 4

Sobald Sie auf Aufzeichnen geklickt haben, startet der Aufnahmemodus von PowerPoint®. Es ist ratsam, sich im Vorfeld Notizen über den Sprechtext zu machen, damit Sie flüssig sprechen und nicht stocken. Wählen Sie dazu am besten die Referenten- oder Teleprompteransicht.

Klicken Sie dann auf den roten Aufnahme-Button, klicken sich durch die Präsentation und sprechen den gewünschten Text entsprechend dazu ein.

Wenn Sie die Aufnahme beenden wollen, klicken Sie erneut auf den roten Button und anschließend auf „Exportieren".

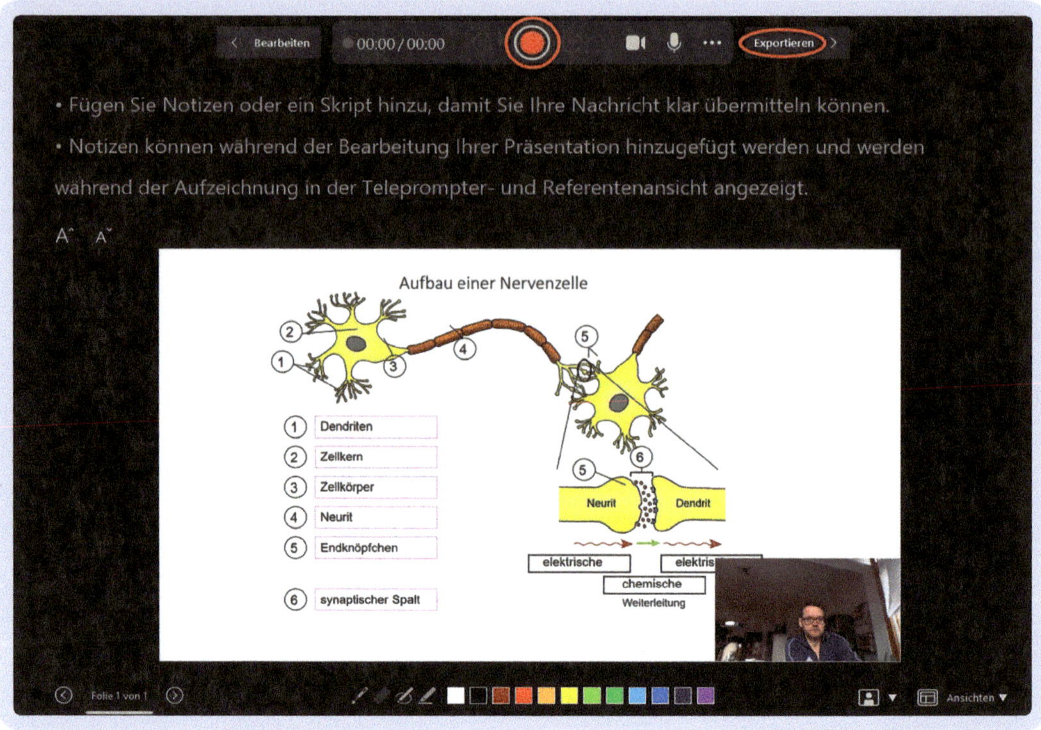

Abbildung: PowerPoint®, Aufnahme beenden, exportieren 5

Nun haben Sie die Möglichkeit, das Video zu speichern. Geben Sie dazu den Dateinamen und den Speicherort ein und klicken Sie auf „Video exportieren". Nach wenigen Sekunden finden Sie Ihr Erklärvideo im mp4-Format am gewünschten Speicherort.

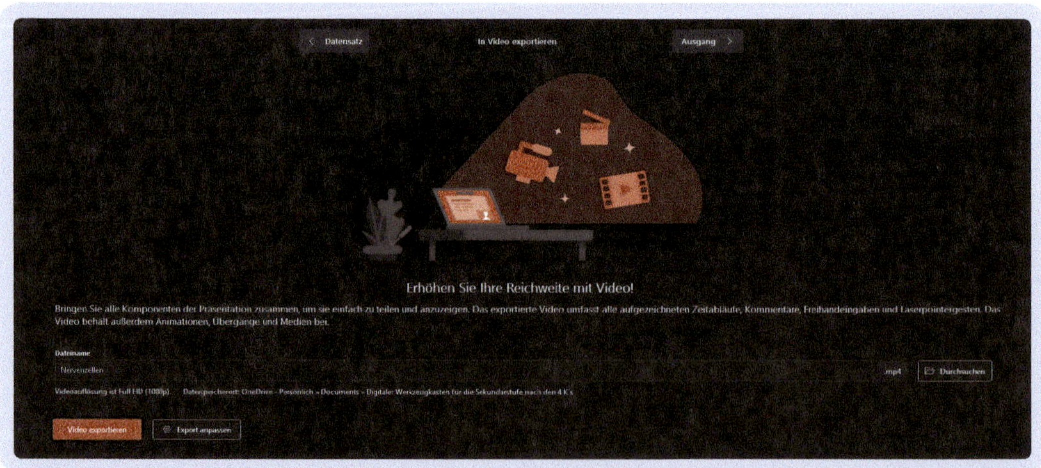

Abbildung: PowerPoint®

Unter folgendem Link finden Sie eine Videoanleitung zur Erstellung von Erklärvideos über PowerPoint®.

https://www.youtube.com/watch?v=b1nHWmzv-2k	

3.4 Book Creator® – einfach multimediale Bücher erstellen

Mit der App Book Creator® lassen sich – auch kooperativ – individuelle E-Books gestalten. Die App ist klar strukturiert und die Bedienoberfläche sehr einfach zu bedienen. In die E-Books können verschiedene multimediale Inhalte wie Bilder, Texte, Zeichnungen, Fotos, Videos und Audioinhalte problemlos eingefügt und miteinander kombiniert werden.

Die einfache Bedienung ermöglicht es den Lernenden, selbstständig zu arbeiten, eigene Lösungswege darzustellen und Medienprodukte interaktiv zu gestalten. Zudem können differenzierte Lernangebote für unterschiedliche Interessen angelegt sowie ein Feedback für Lehrende und Lernende integriert werden.

Praxiserfahrungen zeigen, dass die Lernenden außerordentlich motiviert an Produkten mit dem Book Creator® arbeiten. Es lassen sich z. B. folgende Arten eines E-Books herstellen:

- Comic
- Lerntagebuch
- Versuchsdokumentation
- Fotobücher
- Reisebücher
- interaktive Bücher
- Märchenbuch
- etc.

Kosten

Die Apps für iOS®- und Android®-Geräte sind kostenpflichtig (2,99 €, Stand August 2022). Sie können aber auch browserbasiert mit der Anwendung arbeiten. Hierzu benötigen Sie jedoch den Browser von Google Chrome®. Mit diesem können bis zu 40 E-Books kostenlos erstellt werden.

Einführung in die Grundfunktionen von Book Creator® (iOS®-App und Web-App für Chrome®)

Nachdem Sie sich angemeldet haben, können Sie mit der Erstellung eines Buches beginnen. Zunächst können Sie wählen, ob Sie ein leeres Buch oder eine Vorlage verwenden wollen.

Leeres Buch: Hier sind unterschiedliche Formate wählbar.

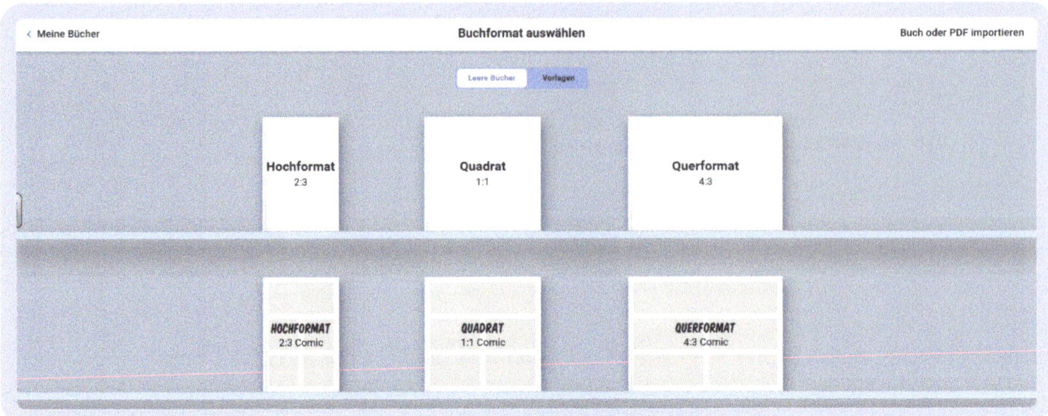

Abbildung: Book Creator®, leeres Buch [77]

Vorlagen wie z. B. Fotobuch, Kochbuch oder Vorlagen mit unterschiedlichen Stilen:

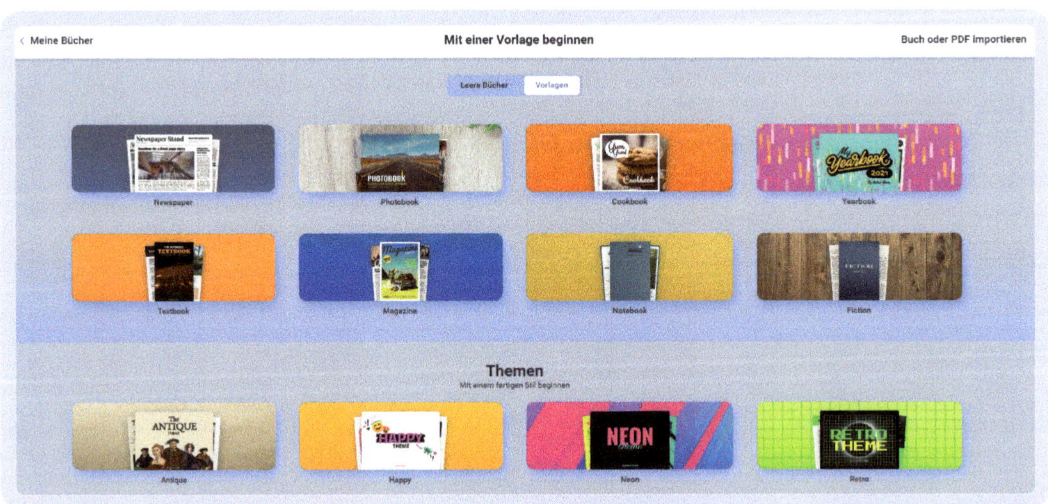

Abbildung: Book Creator®, Vorlagen [78]

In folgendem Beispiel sehen Sie die Erstellung eines leeren Buches im quadratischen Format. Das Bearbeitungsfenster ist sehr übersichtlich und praktisch bedienbar. Über den „+"-Button lassen sich unterschiedlichste Inhalte einfügen. Über den „i"-Button lassen sich Formatierungen vornehmen. Wenn Sie auf „Seiten" klicken, kommen Sie zur Seitenübersicht. Mit den Pfeilen wechseln Sie zwischen den einzelnen Seiten.

77 https://app.bookcreator.com/new-book/-N92JBFTcbuB-ezhEWSw (abgerufen am 04.03.2023)
78 ebd. (abgerufen am 04.03.2023)

Abbildung: Book Creator®, Bearbeitungsfenster[79]

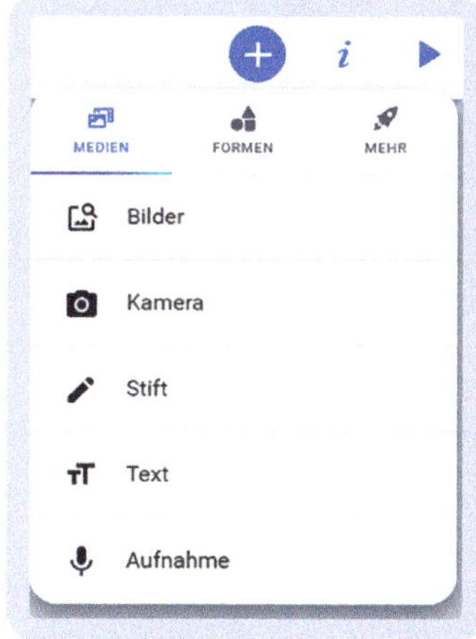

Abbildung: Book Creator®, einfügen[80]

Abbildung: Book Creator®, formatieren[81]

Oben: Über den „+"-Button lassen sich unterschiedliche Inhalte und Tools einfügen: Medien (Bilder, Text, Audio), verschiedene Formen oder Dateien, die Sie integrieren können.

Rechts: Formatierungsmöglichkeiten über den „i"-Button

[79] https://app.bookcreator.com/new-book/-N92JBFTcbuB-ezhEWSw (abgerufen am 04.03.2023)
[80] ebd. (abgerufen am 04.03.2023)
[81] ebd. (abgerufen am 04.03.2023)

Fertiges Beispiel

Einsatzszenarien des Book Creator® im Unterricht:

- Erstellen von interaktiven Portfolios in allen Fächern
- Erstellen von Fotobüchern, Comics
- interaktive Lernumgebung zum selbstständigen Erarbeiten eines Themas
- Präsentieren von Referaten
- Suchen und Verarbeiten von Informationen

Folgendes Bild zeigt beispielhaft zwei Seiten eines gestalteten Buches:

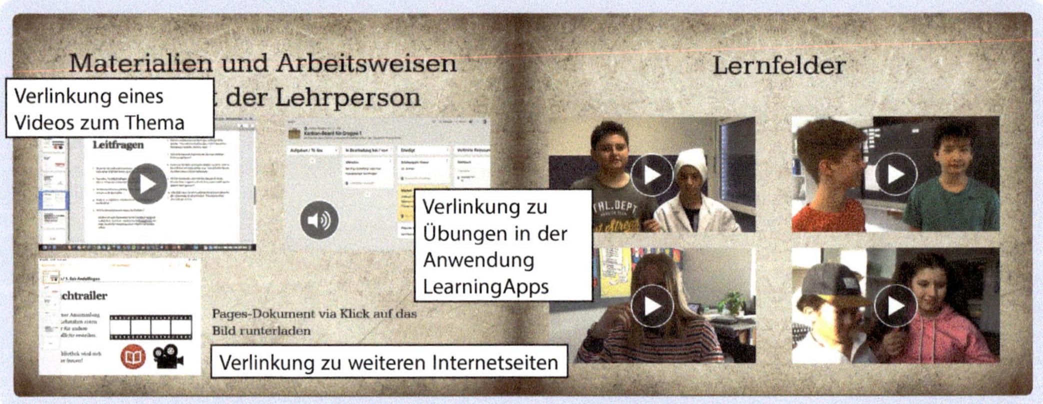

Abbildung: Book Creator®, Beispielseiten[82]

Weiterführende Informationen zum Book Creator® erhalten Sie unter folgenden Links:

https://www.youtube.com/watch?v=J57FigzrZrE	[QR-Code]
https://www.youtube.com/watch?v=7ILHMOSgcoc	[QR-Code]

[82] https://app.bookcreator.com/new-book/-N92JBFTcbuB-ezhEWSw (abgerufen am 04.03.2023)

https://www.iqesonline.net/bildung-digital/unterrichtsideen-lernmaterialien-und-tools/apps-tools/book-creator/	

3.5 minibook®-Generator – webbasierte Bücher erstellen

Eine browserbasierte Möglichkeit, digitale Bücher zu erstellen, ist die Anwendung https://www.minibooks.ch/index.cfm.

Minibooks® können mit maximal acht Seiten in den Formaten DIN A4 oder DIN A3 gestaltet werden. Sie bieten sich an, um Gedanken zu einem Thema zu verschriftlichen. Minibooks® werden online geschrieben und digital veröffentlicht. Sie können aber auch ausgedruckt und mithilfe einer Anleitung zu einem Buch gefaltet werden.

Die Onlineplattform ist einfach bedienbar und übersichtlich aufgebaut. So können auch Lernende eigene Minibooks® gestalten, wie z. B.

- zur Erarbeitung von Merkeinträgen
- zur Erstellung von Vokabellisten oder Formelsammlungen
- zum Notieren eigener Meinungen, Ideen
- zum Verfassen von Kurzgeschichten
- als Ergebnis von offenen Unterrichtsformen wie Gruppenarbeiten
- zur Visualisierung eines Referats
- als Geschenk zu verschiedenen Anlässen wie Geburtstag, Weihnachten
- usw.

Einführung in die Grundfunktionen des minibook®-Generators

Nachdem Sie auf der Startseite auf „minibooks schreiben" geklickt haben, können Sie auswählen, ob Sie ein Minibook® im Format DIN A4 oder DIN A3 erstellen wollen. Danach gelangen Sie zur Bearbeitungsseite mit Texteditor.

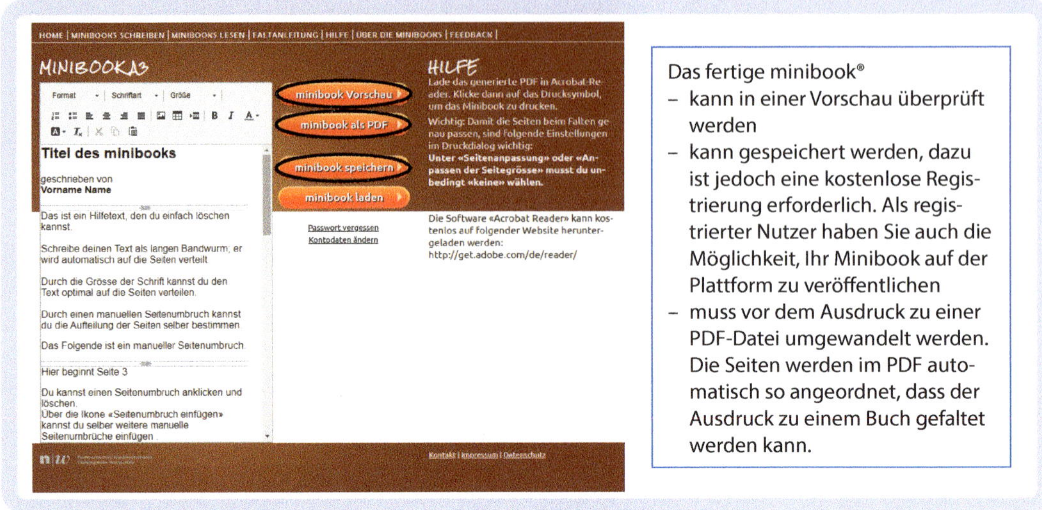

Das fertige minibook®
- kann in einer Vorschau überprüft werden
- kann gespeichert werden, dazu ist jedoch eine kostenlose Registrierung erforderlich. Als registrierter Nutzer haben Sie auch die Möglichkeit, Ihr Minibook auf der Plattform zu veröffentlichen
- muss vor dem Ausdruck zu einer PDF-Datei umgewandelt werden. Die Seiten werden im PDF automatisch so angeordnet, dass der Ausdruck zu einem Buch gefaltet werden kann.

Abbildung: minibook® Startseite [83]

Gestaltung mit dem Texteditor

Mit dem Editor gestalten Sie Ihr minibook®:

- Geben Sie zunächst den Titel ein. Ebenso kann der Name der Autorin / des Autors vermerkt werden.
- Geben Sie den Text als Lauftext ein, das Tool generiert die Seitenumbrüche automatisch.
- Formatieren Sie den Text nach Ihren Vorstellungen (Farbe, Ausrichtung, Aufzählung, Tabelle). Es besteht auch die Möglichkeit, Bilder und manuelle Seitenumbrüche einzufügen.

Abbildung: minibook® Editor [84]

[83] https://www.schule.at/tools-apps/details/minibooks (abgerufen am 04.03.2023)
[84] https://www.schule.at/tools-apps/details/minibooks (abgerufen am 04.03.2023)

Unter folgenden Links erhalten Sie weitere Informationen

Video Tutorial https://www.youtube.com/watch?v=A-qvoDtGL74	
Faltanleitung für minibooks® https://www.minibooks.ch/faltanleitung.cfm	

Beispiel eines digital gestalteten und anschließend gefalteten minibooks®:

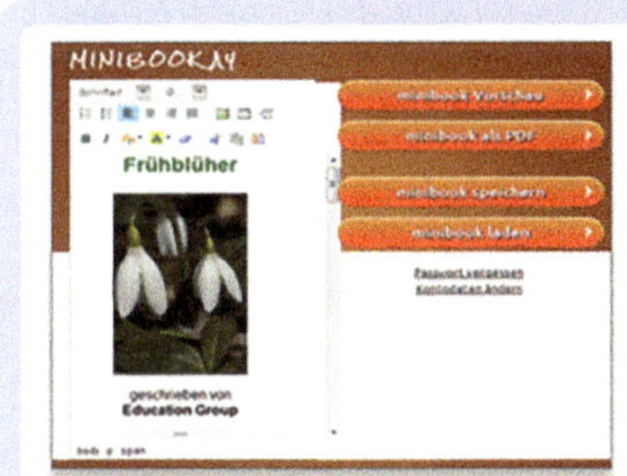

Abbildung: minibook®-Beispiel[85]

3.6 Kreativ präsentieren mit Canva® und Canva® Education

3.6.1 Canva® – das webbasierte Designtool

Canva® ist eine webbasierte und in der Basisversion kostenlos nutzbare Grafik- und Layoutanwendung. Damit können Sie ohne Grafikkenntnisse professionelle Layouts für einen produktionsorientierten Unterricht erstellen.

Durch eine Vielzahl an Vorlagen, wie z. B. Grafiken, Logos, Wochenplänen, Flyern, Poster, lassen sich durch eine einfache Bearbeitung eigene Produkte erstellen. Diese können dann als Bild-, PDF- oder Bilddatei heruntergeladen werden.

[85] https://www.schule.at/tools-apps/details/minibooks (abgerufen am 04.03.2023)

Die Anwendung ist trotz der umfassenden Gestaltungsmöglichkeiten intuitiv und einfach zu bedienen.

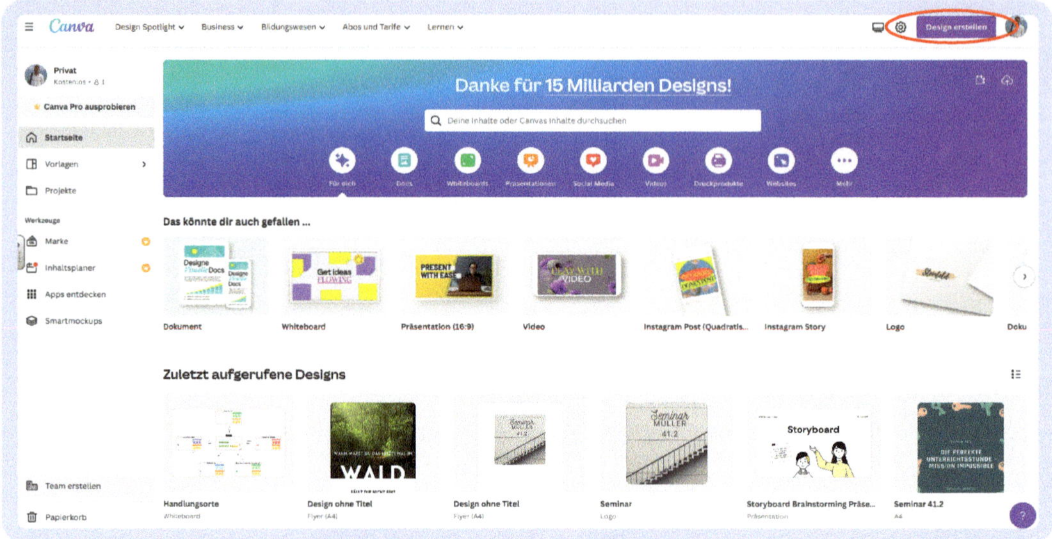

Abbildung: Canva® Startseite, Design erstellen[86]

Wenn Sie ausgehend von der Startseite auf den Button „Design erstellen" klicken, können Sie nach verschiedenen Designvorlagen suchen. Zudem wird Ihnen eine Liste mit empfohlenen Designs vorgestellt.

Es stehen dabei beispielsweise folgende Vorlagen zur Auswahl:

- Whiteboard
- Facebook®-Beitrag
- Dokument im DIN-A4-Format
- Flyer
- Präsentation 16:9
- Infografik
- Logo
- Cover
- Instagram®-Story
- Video
- Poster
- Lebenslauf

[86] https://www.canva.com (abgerufen am 04.03.2023)

In folgender Abbildung sehen Sie die Vorlage „Whiteboard“:

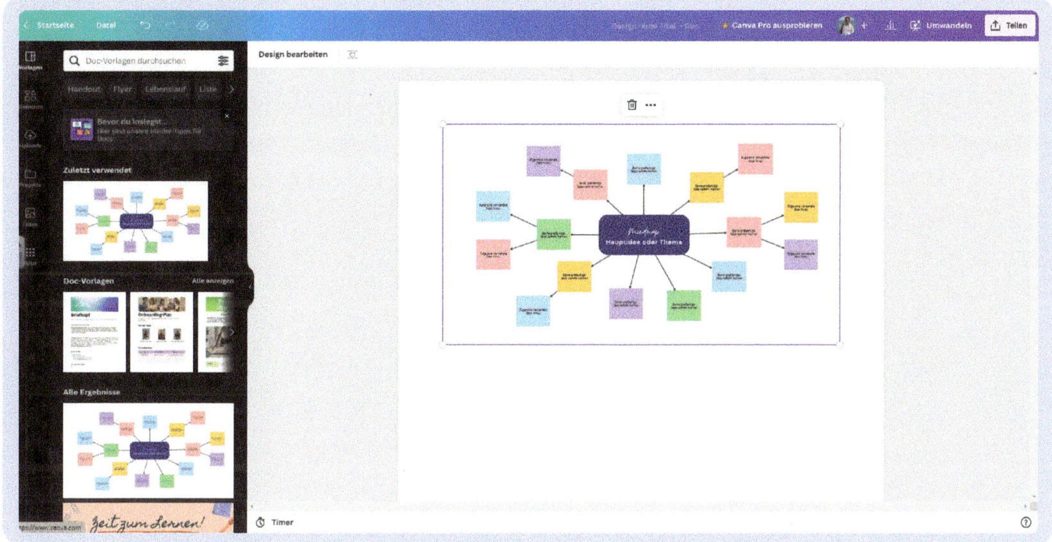

Abbildung: Canva®[87]

Sie haben die Möglichkeit, eine bereits vorhandene Vorlage zu übernehmen oder beliebig zu adaptieren. Dazu stehen Ihnen vielfältige Möglichkeiten zur Auswahl, wie z. B.:

- Elemente wie Linien, Grafiken, Sticker, Rahmen, Audio
- Hochladen von Dateien (Bilder, Videos, Audio)
- Einfügen von ansprechenden Schriftzügen
- Bilder aus verschiedenen Rubriken
- etc.

Abbildung: Canva®, vorhandene Vorlage übernehmen[88]

[87] https://www.canva.com (abgerufen am 04.03.2023)
[88] https://www.canva.com (abgerufen am 04.03.2023)

Nach Fertigstellung Ihres Designs haben Sie mehrere Möglichkeiten, dieses zu teilen:

- per Link (mit Berechtigungen „darf ansehen", „darf kommentieren" oder „darf bearbeiten")
- als Vorlagenlink, den nur registrierte Nutzerinnen und Nutzer verwenden können
- im Präsentationsmodus einem Publikum zeigen
- Download als PDF

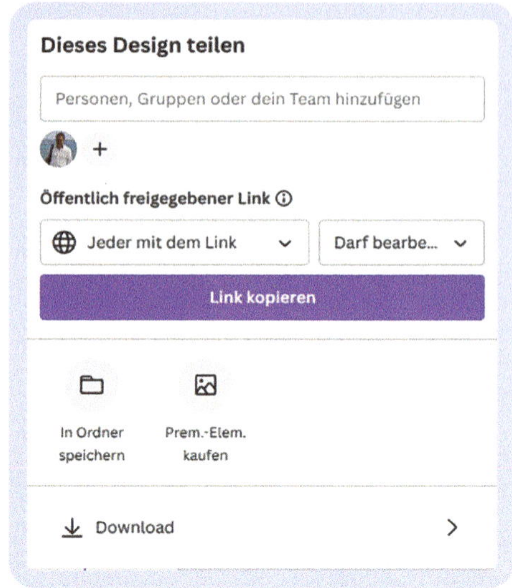

Abbildung: Canva®, Design teilen

3.6.2 Canva® for Education

Canva® for Education ist eine Erweiterung des Tools Canva®, das viele Elemente des kooperativen, Feedback gebenden und kreativen Lernens in sich vereint. Mit diesem Tool lassen sich spannende Inhalte online erstellen, wodurch Lernende dazu angeregt werden, ihr Lernen mit Spaß und Engagement zu verbinden. Mit der Canva® for Education-Version haben Sie Zugriff auf alle Premiumfunktionen von Canva®, die auch kollaboratives Arbeiten ermöglichen.

Mit dem Einsatz des Tools können Sie gezielt die kreativen Kompetenzen der Lernenden fördern. Zudem bietet sich die Möglichkeit, mittels Social-Media- und anderer Präsentationsvorlagen die Lebenswelt der Lernenden mit unterrichtlichen Inhalten zu verknüpfen.

Unterrichtliche Einsatzmöglichkeiten

- Auswahl aus Tausenden Vorlagen für unterschiedliche Themen, Fächer und Jahrgangsstufen
- Gestaltungsmöglichkeit mit urheberrechtsfreien Bildern, Schriftarten, Videos und Animationen
- spannende Lektionen und Aktivitäten für Lernende
- Feedbackmöglichkeit durch ansprechende Sticker
- Canva® for Education lässt sich in die von Ihnen bereits genutzten Tools wie Microsoft® Teams oder Google® Classroom integrieren.

Zugang zu Canva® for Education

Canva® for Education ist für Lehrkräfte und Lernende kostenlos. Wenn Sie als Lehrkraft an einer offiziell anerkannten Schule (Primar- und Sekundarstufe) tätig sind, müssen Sie einen Zugang beantragen, um alle Funktionen nutzen zu können.

- Öffnen Sie zunächst die Seite zur Registrierung bei Canva® for Education.(https://www.canva.com/de_de/bildung/).
- Registrieren Sie sich mit einer verifizierten E-Mail-Domain einer Bildungseinrichtung.
- Folgen Sie anschließend den Anweisungen auf dem Bildschirm, um sich zu registrieren.
- Wählen Sie die Option „Lehrkraft“ nach der Registrierung.
- Klicken Sie dann auf „Jetzt verifizieren lassen“.
- Wenn Sie sich mit einer verifizierten E-Mail-Domain einer Bildungseinrichtung registriert haben, erhalten Sie sofort Zugriff.
- Wenn Sie sich nicht mit einer verifizierten E-Mail angemeldet haben, laden Sie einen Scan oder ein Foto eines Dokuments hoch, das Sie als Lehrkraft ausweist (z. B. Dienstausweis, Nachweis des Beschäftigungsstatus an einer Schule).

Weiterführende Informationen zu Canva® und Canva® for Education finden Sie unter folgenden Links:

Videotutorial Canva® https://youtu.be/v2L6aebbOSw	
Videotutorial Canva® for Education https://www.youtube.com/watch?v=J0kBivYfW0A	

3.7 Digital Storytelling

Eine „Digital Story“ ist eine Erzählung über ein Thema, eine Geschichte oder einen Lerninhalt, die mithilfe von digitalen Medien erstellt wird. Dabei werden z. B. Videoclips, Audiodateien, Bilder, Musik in einer multimedialen Erzählung miteinander verknüpft.

Der Vorteil des digitalen Erzählens von Geschichten liegt auf der Hand. Geschichten sind deutlich einprägsamer als zusammenhangslose Einzelfakten. Zudem kann damit die Medienkompetenz sowie die Kreativität der Lernenden gefördert werden, da digitale Medien als Informationsübermittler passend ausgewählt und integriert werden müssen. Daraus ergeben sich vielfältige Nutzungsmöglichkeiten für alle unterrichtlichen Themen und Fächer sowie positive pädagogische Aspekte:

- Die Lernenden kommen in eine aktive Rolle, werden zu Autorinnen und Autoren.
- Die Lernenden werden mit modernen, multimedialen Techniken vertraut gemacht und verstehen sie dadurch leichter.
- Der Film ist als modernes Format eine passende Alternative zu herkömmlichen produktorientierten Arbeitsweisen, wie z. B. der Plakaterstellung oder Präsentationen.
- Digital Storytelling berücksichtigt in besonderer Weise die 4Ks.

Beispielhaft sollen im Folgenden unterrichtliche Einsatzmöglichkeiten aufgezeigt werden.

- Deutsch- und Fremdsprachenunterricht allgemein
- Visualisierung von historischen Fakten oder Präsentationen von Zusammenhängen
- Erstellung von Erklärvideos in MINT-Fächern
- Einsatz im Rahmen des Kunst- und Musikunterrichts durch den gezielten Einsatz von audiovisuellen Medien
- Veröffentlichungen auf Lernplattformen, der Homepage oder auf Videoportalen
- Entwicklung von Bildergeschichten und Fotostorys
- Hörspiele bebildern, Gestaltung von Comics
- Anleitungen und Erklärungen erstellen
- Buchtrailer entwickeln
- Einsatz bei Schülervorträgen und Referaten
- usw.

Weiterführende Informationen erhalten Sie unter folgendem Link:

Info-YouTube®-Video Storytelling www.youtube.com/watch?v=z4WvHJ3X7j4	

Zur Erstellung einer Digital Story eignen sich neben bisher beschriebenen Tools wie z. B. Book Creator® oder Explain Everything, in besonderer Weise auch folgende Anwendungen.

3.7.1 Adobe Express® – multimediale Storys produzieren

Mit der App Adobe Express® lassen sich aus Bildern, Fotos, Text und Stimme eigene Videostorys produzieren. In der App sind zahlreiche kostenlose Bilder enthalten, zu denen Hintergrundmusik hinzugefügt werden kann. Mit diesem Tool lassen sich digitale Geschichten erzählen und es ist sowohl für Lehrende als auch für Lernende ein wertvolles Werkzeug, mit dem sich ohne Programmierkenntnisse z. B. Videos erstellen lassen. Adobe Express® ist eine Weiterentwicklung der bekannten Anwendung Adobe Spark®. Sie können Adobe Express® als App oder als Webanwendung nutzen.

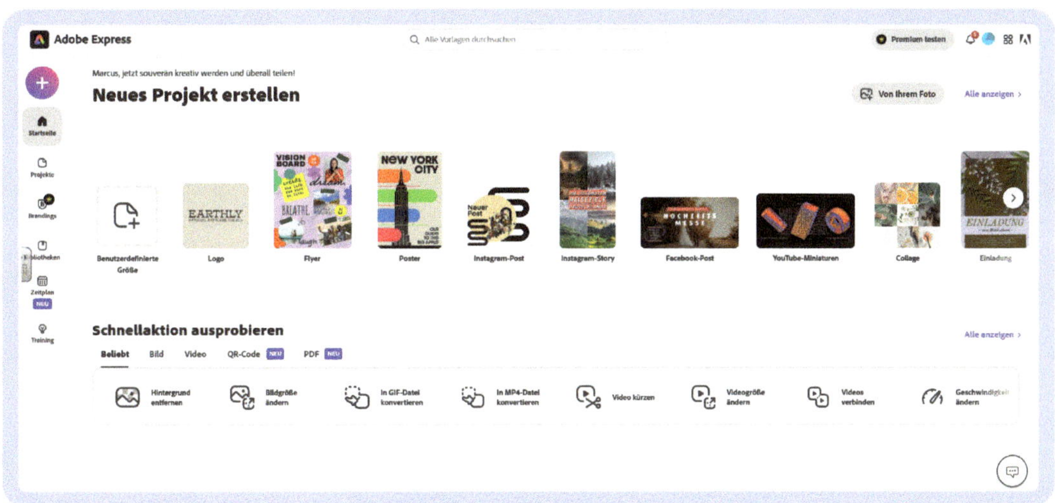

Abbildung: Adobe Express® [89]

Adobe® stellt ein sehr ausführliches Benutzerhandbuch zur Verfügung, das Sie unter folgendem Link aufrufen können:

https://helpx.adobe.com/de/express/user-guide.html	

Unter folgenden Links finden Sie weitere Informationen zur Anwendung Adobe Express®:

Tutorials zu einzelnen Adobe Express®-Anwendungen https://www.adobe.com/de/express/learn/tutorials	
YouTube®-Tutorial zu Adobe Spark® https://www.youtube.com/watch?v=vPKBkDbuCfk	

[89] https://express.adobe.com/de-DE/sp/ (abgerufen am 04.03.2023)

Beispiele zu Adobe Spark®-Projekten https://www.youtube.com/watch?v=cVVFMvyPI7A	

3.7.2 Comic erstellen mit Pixton®

Die Anwendung Pixton® (https://www.pixton.com) ermöglicht es Ihnen, in Kooperation mit Ihren Lernenden auf einfache Weise sehr ansprechende Comics zu erstellen und freizugeben. Es lassen sich alle erdenklichen Lernszenarien erschaffen, da die Charaktere, Hintergründe und Bildinhalte frei erstellbar und modifizierbar sind. Insbesondere im Deutsch- oder Sprachunterricht können Sie die Kreativität Ihrer Lernenden fördern. Die Bedienung des Tools ist sehr einfach und intuitiv. Um die Anwendung nutzen zu können, ist eine Anmeldung der Lehrkraft über einen Facebook®- oder Google®-Account nötig. Damit entspricht es nicht den Kriterien der DSGVO. Die Schülerinnen und Schüler erhalten dann einen von der Webseite genierten Code, mit dem sie sich ohne Angabe von personenbezogenen Daten anmelden können. Somit können Sie ein virtuelles Klassenzimmer erstellen, in dem es Rollen für Lernende sowie Lehrkräfte gibt.

Die Basisversion ist kostenfrei und für den schulischen Gebrauch vollkommen ausreichend. Wenn Sie die Datei abspeichern, drucken oder eigene Fotos in die Strips einbauen möchten, dann benötigen Sie die kostenpflichtige Version.

Dashboard

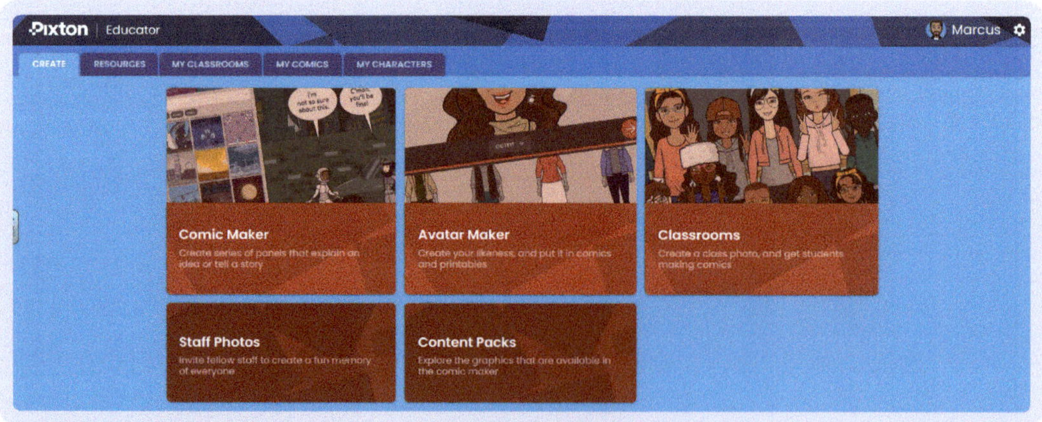

Abbildung: Pixton® Dashboard[90]

[90] https://app.pixton.com/#/ (abgerufen am 04.03.2023)

Anlegen eines Klassenzimmers

Hier haben Sie eine Übersicht über bereits angelegte Klassenzimmer/Kurse und können durch Klicken auf den Button „New Classroom“ ein neues virtuelles Klassenzimmer erstellen.

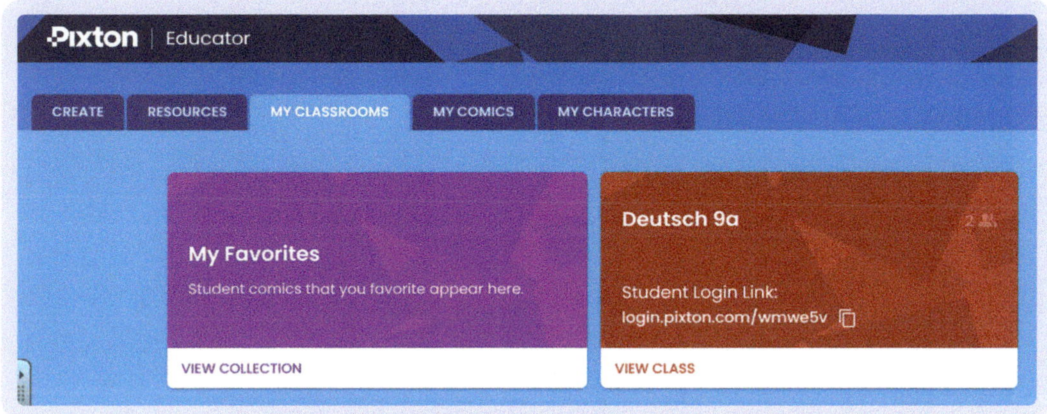

Abbildung: Pixton®, Anlegen eines Klassenzimmers[91]

Gestalten von Comics

Hier haben Sie eine Übersicht über bereits erstellte Comics oder können sich Ideen aus Comicvorlagen holen.

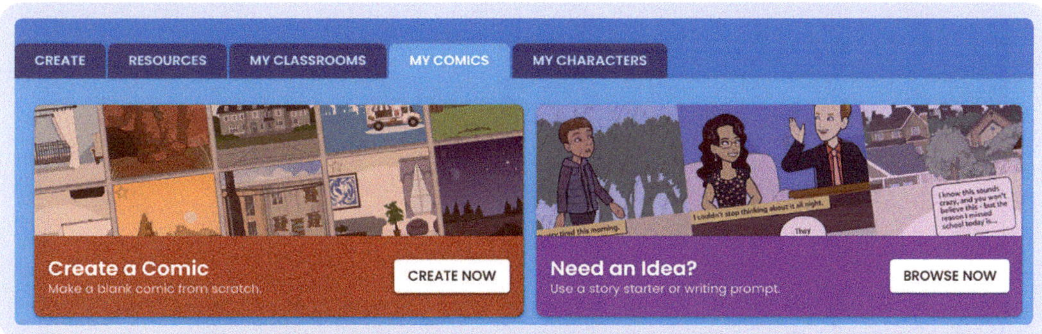

Abbildung: Pixton®, Gestalten von Comics[92]

Die Lernenden können sehr einfach Comics erstellen. Mit Ihrem Lehrkraftaccount können Sie die erstellten Comics aller Lernenden sehen. Das Teilen oder Ausdrucken der erstellten Comics ist nur in der kostenpflichtigen Version (ca. 9,75 € pro Monat) möglich.

[91] https://app.pixton.com/#/ (abgerufen am 04.03.2023)
[92] ebd. (abgerufen am 04.03.2023)

Abbildung: Pixton®, Beispiel-Comic[93]

Weitere Informationen erhalten Sie unter folgendem Link:

YouTube®-Tutorial Pixton® https://www.youtube.com/watch?v=eEhROtTJ7wk	

[93] https://app.pixton.com/#/ (abgerufen am 04.03.2023)

4 Kreatives und spielerisches Üben

4.1 LearningApps

Allgemeines und Möglichkeiten des Einsatzes

Mit LearningApps lassen sich auf einfache Weise sehr motivierende Minigames unterschiedlicher Art erstellen, die sehr motivieren und zudem die Möglichkeit der Eigenkontrolle durch die Lernenden bieten, wie z. B. Kreuzworträtsel, Paare zuordnen, Multiple-Choice-Fragen-Quiz. Dabei können Sie entweder eigene Übungseinheiten entwerfen oder auf eine Vielzahl an bereits vorgefertigten Games zu allen Fächern und Themen zurückgreifen.

Die Anwendung ist kostenfrei und datenschutzkonform, Sie müssen sich lediglich mit Ihrer Mailadresse registrieren. Die Anwendung ist sehr einfach zu bedienen und für Einsteigerinnen/ Einsteiger in das digital unterstützte Arbeiten gut geeignet.

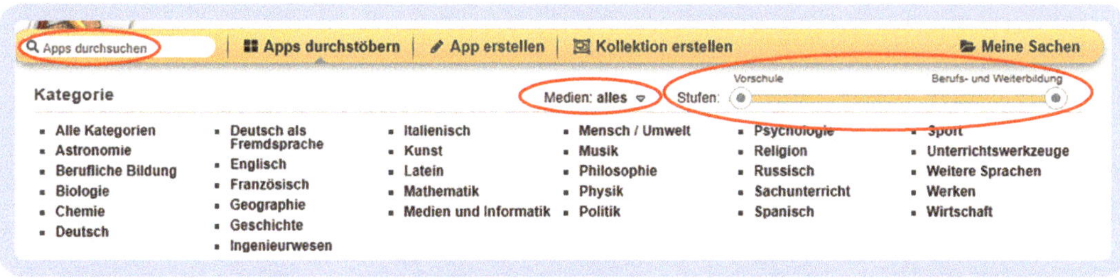

Abbildung: LearningApps, Startseite[94]

Sie haben folgende Möglichkeiten, nach passenden Übungen zu suchen:

- Eingabe des Begriffs, wie z. B. „Prozentrechnen" in das Suchfeld
- durch Klicken auf die entsprechende Kategorie, wie z. B. „Mathematik"

Zudem können Sie die App-Vorschläge nach Schulart/Schulstufen sowie nach beinhalteten Medien (Bilder, Audio, Video) eingrenzen.

[94] https://learningapps.org (abgerufen am 04.03.2023)

Als Beispiel sehen Sie in der Abbildung rechts eine Zuordnungsaufgabe zum Prozentrechnen.

Haben Sie sich für eine (vorgefertigte) interaktive Übung entschieden, so haben Sie folgende Möglichkeiten:

- eine ähnliche App erstellen (dabei können Sie die Inhalte der bereits vorhandenen App übernehmen oder beliebig abändern und variieren)
- diese App in Ihrer „Aufgabenbibliothek" speichern (merken in „Meine Sachen")
- den Link zu dieser App per Link an Ihre Klasse versenden
- die App in eine weitere Anwendung, z. B. Homepage, einbetten
- einen QR-Code generieren und diesen z. B. auf einem Arbeitsblatt oder Lernbegleiter drucken

Abbildung: LearningApps, Zuordnungsaufgabe[95]

Somit können Sie den Lernenden ein zeit- und ortsunabhängiges Abfrageformat zur Verfügung stellen, das mehrfach zu verwenden ist und gezieltes Üben und Wiederholen ermöglicht.

Folgende Abbildung zeigt eine Auswahl an verschiedenen interaktiven Aufgabeformaten, die Sie verwenden können:

Abbildung: LearningApps, Auswahl interaktive Aufgabenformate[96]

[95] https://learningapps.org (abgerufen am 04.03.2023)
[96] ebd. (abgerufen am 04.03.2023)

Weiterführende Informationen zu LearningApps finden Sie unter folgendem Link:

YouTube®-Tutorial LearningApps https://www.youtube.com/watch?v=2zDnZXFOg7U	

Schülerinnen und Schülern eigene Apps in LearningApps erstellen lassen

Wenn Sie die Option „Kollektion erstellen" von LearningApps nutzen, können Sie einerseits die Lernenden dazu motivieren, sich mit inhaltlichen Schwerpunkten zu einem Thema auseinanderzusetzen, und andererseits selbst auf kreative Weise interaktive Aufgaben zu erstellen. Dazu benötigen die Lernenden keinen eigenen Account.

Vorteile der Option „Kollektion erstellen"

- Sie können eigene oder vorhandene Apps zu einem Thema auswählen.
- Die Apps können gruppiert, mit Zwischentiteln oder Anweisungen versehen werden.
- Die Apps können in beliebiger oder in der von Ihnen vorgegebenen Reihenfolge bearbeitet werden.
- Optional können die Apps nur nacheinander gelöst werden, wenn die vorherige gelöst wurde.
- Optional kann nach dem Lösen aller Apps ein Text als Feedback angezeigt werden.
- Der Link oder QR-Code der Kollektion kann einfach an die Lernenden weitergegeben werden.

Zudem haben sie die Möglichkeit, den individuellen Arbeitsstand zu verfolgen. Hierzu können sich die Lernenden eintragen, wenn sie eine Aufgabe gelöst haben.

So erstellen Sie in wenigen Schritten eine neue „Kollektion"

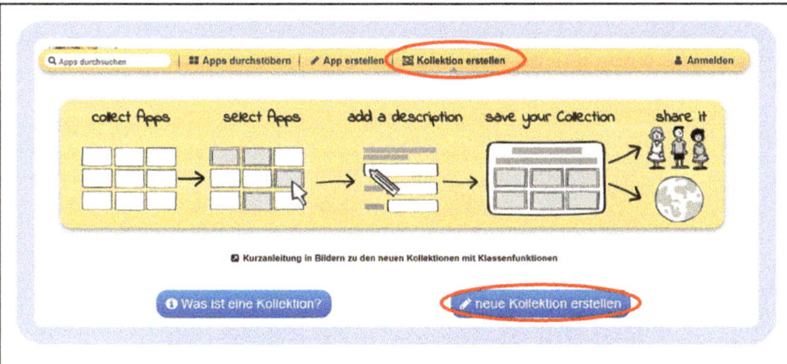

Abbildung: LearningApps, Kollektion erstellen[97]

Klicken Sie zunächst auf den Reiter „Kollektion erstellen" und danach auf den Button „neue Kollektion erstellen"

[97] https://learningapps.org (abgerufen am 04.03.2023)

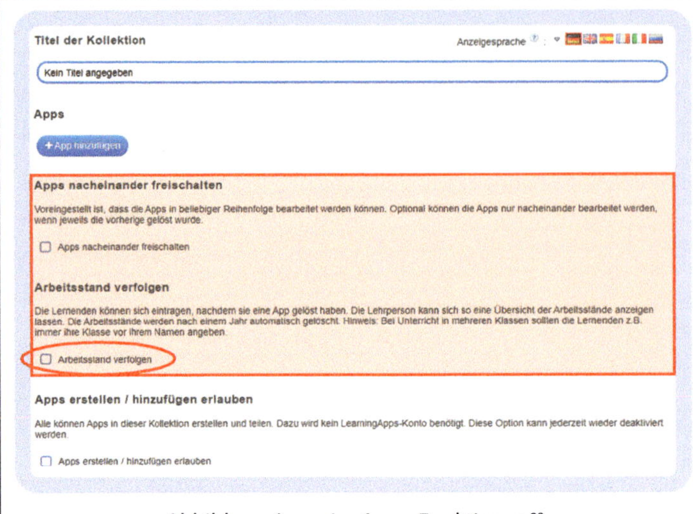

Abbildung: LearningApps, Funktionen [98]

Geben Sie Ihrer Kollektion zunächst einen Titel.

Die Funktion „Apps nacheinander freischalten" und „Arbeitsstand verfolgen" sind optional.

Um den Lernenden das Erstellen von Apps zu ermöglichen, muss das Kontrollkästchen „App erstellen" aktiviert sein.

Abbildung 796 [99]

Durch das Klicken auf das Feld „App hinzufügen" können Sie einfach Apps in den Arbeitsbereich integrieren.

Unter der Übersicht über die Apps der Kollektion finden Sie den Bereich „Kollektion verwenden". Dort können Sie entweder den Link kopieren oder den QR-Code verwenden, um den Lernenden diese Oberfläche zukommen zu lassen.

Die Lernenden können nun eigene Apps erstellen:

Hierzu müssen sie sich vertieft mit dem Stoff auseinandersetzen, Aufgabenstellungen und deren Lösung klar durchdenken und formulieren. Als Grundlage und als Ideengeber für die Aufgaben können Schulbücher oder Arbeitsblätter dienen. Das Erstellen der Apps bietet eine motivierende Möglichkeit, sich mit dem Stoff auseinanderzusetzen und gezielt zu üben.

[98] ebd. (abgerufen am 04.03.2023)
[99] ebd. (abgerufen am 04.03.2023)

4.2 Learning Snacks

Learning Snacks (http://www.learningsnacks.de) sind kleine „Lernhäppchen", die sowohl von der Lehrkraft als auch von Lernenden auf einfache Weise erstellt werden können. Die App beinhaltet Wissensabfragen sowie interaktive Umfragen in textbasiertem Dialogsystem. Zudem können Texte, Bilder und Videos integriert werden.

Um Learning Snacks nutzen zu können, müssen Sie zunächst einen Account erstellen. Die Nutzung dieser App ist kostenfrei. Die Plattform beinhaltet eine Vielzahl an vorgefertigten Lerneinheiten zu unterschiedlichen Themen.

Die Anwendung ist trotz zahlreicher Möglichkeiten keineswegs komplex und niedrigschwellig bedienbar.

Von der Startseite aus gelangen Sie zu bereits erstellen Learning Snacks. Sie haben folgende Möglichkeiten:

- nach bestimmten Snacks zu suchen (Lupe)
- eigene Snacks zu erstellen („+"-Button)
- mit der Funktion „Klassenzimmer" den Lernenden die Möglichkeit geben, eigene Snacks (in Einzel- oder Gruppenarbeit) erstellen zu lassen

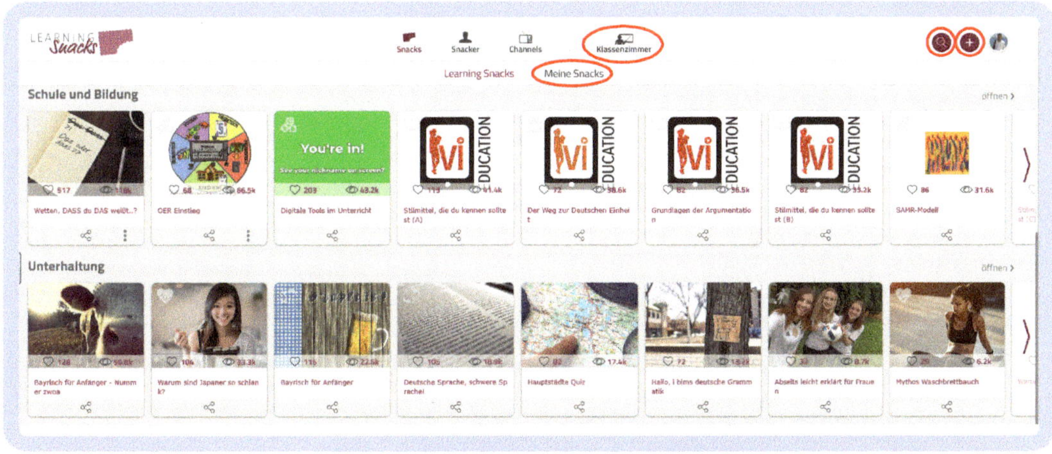

Abbildung: Learning Snacks, Übersicht[100]

Unter „Meine Snacks" befinden sich die von Ihnen erstellten Snacks.

[100] https://www.learningsnacks.de/#/welcome (abgerufen am 04.03.2023)

In folgender Übersicht sehen Sie eine Anleitung, wie Sie eigene Learning Snacks erstellen:

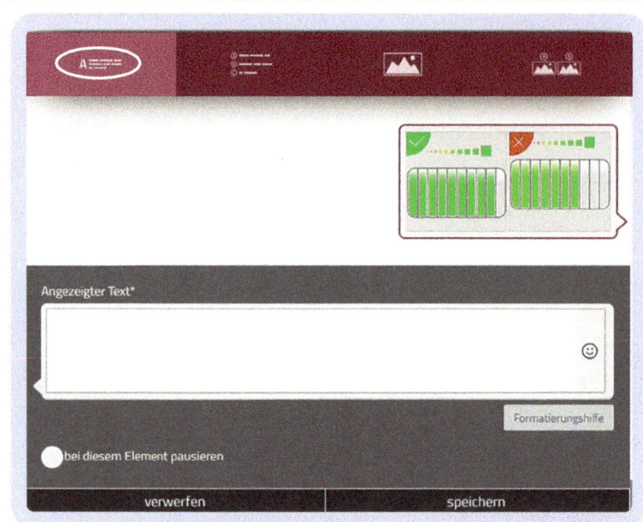

Abbildung: Learning Snacks, Text-Frage-Feld[101]

Durch das Klicken auf das Text-Symbol links oben öffnet sich ein grau umrandetes Text-Frage-Feld, in das Sie die Frage schreiben können.

Speichern Sie anschließend Ihre Eingabe (Sie können diese jederzeit wieder ändern).

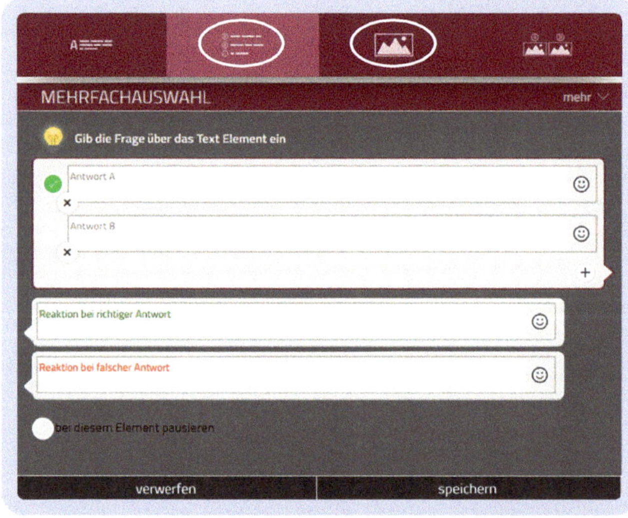

Abbildung: Learning Snacks, Aufgaben bearbeiten[102]

Anschließend klicken Sie auf das Aufgaben-Symbol rechts daneben. Hier können Sie:

- verschiedene Antwortmöglichkeiten eingeben
- die richtige Antwort durch das Setzen eines Hakens markieren
- die Art des Feedbacks festlegen (richtig/falsch, Emojis)

Alternativ zu Fragen in Textform können Sie auch Bilder integrieren.

[101] https://www.learningsnacks.de/#/welcome (abgerufen am 04.03.2023)
[102] ebd. (abgerufen am 04.03.2023)

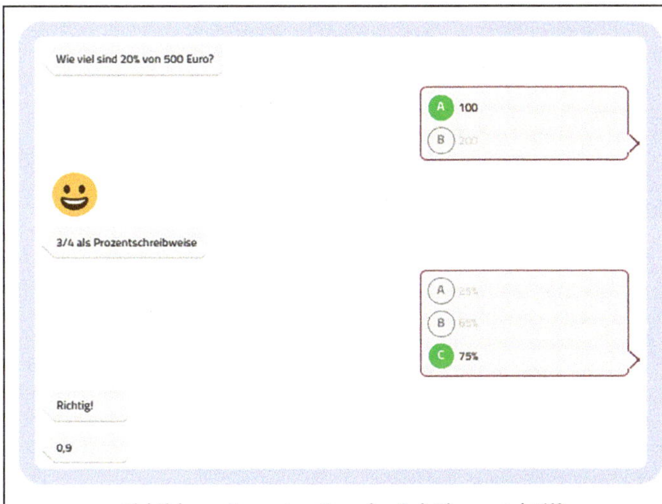

Abbildung: Learning Snacks, Schüleransicht[103]

Hier sehen Sie die Schüleransicht bei der Bearbeitung der Aufgaben.

Wird eine Aufgabe beantwortet, erhalten die Lernenden sofort ein Feedback.

Erst dann wird in Chatform die nächste Aufgabe präsentiert.

Sobald alle Lernenden die Aufgaben bearbeitet haben, erhalten sie einen Hinweis über die Qualität der Beantwortung in Form eines Rankings (Bezugsgruppe alle Lernenden).

Sie können Learning Snacks auch von Ihrer Klasse erstellen lassen. Hierzu gehen Sie wie folgt vor:

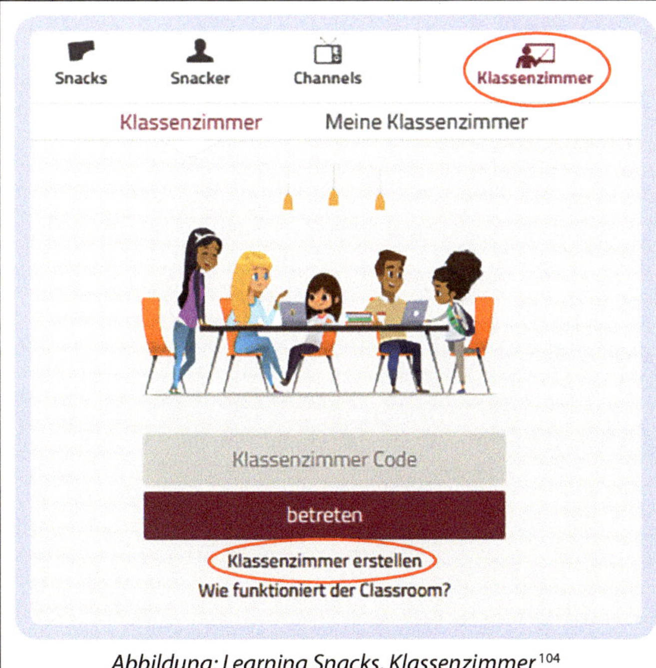

Abbildung: Learning Snacks, Klassenzimmer[104]

Klicken Sie von der Startseite ausgehend auf „Klassenzimmer". Es öffnet sich eine Ansicht, bei der zwischen „Klassenzimmer" und „Meine Klassenzimmer" unterschieden wird.

Unter „Meine Klassenzimmer" sind Ihre bisher angelegten Klassenzimmer bzw. die von den Lernenden angelegten Learning Snacks gespeichert.

Wenn Sie neue Learning Snacks für Lernende anlegen wollen, klicken Sie auf „Klassenzimmer erstellen".

[103] https://www.learningsnacks.de/#/welcome (abgerufen am 04.03.2023)
[104] ebd. (abgerufen am 04.03.2023)

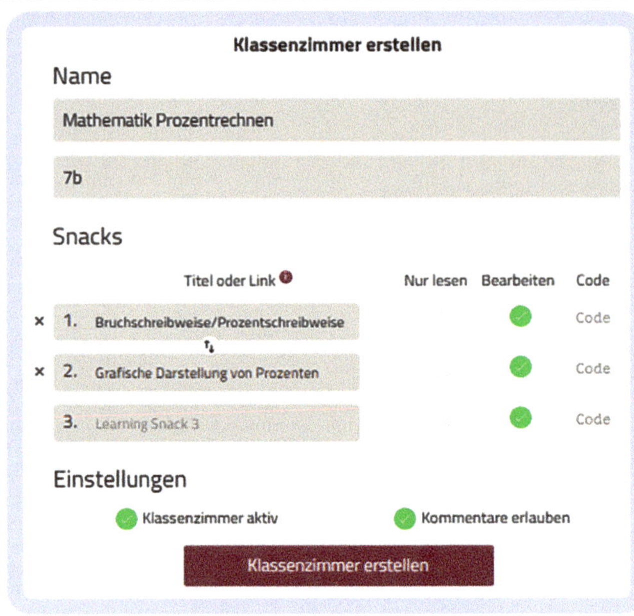

Abbildung: Learning Snacks, Klassenzimmer erstellen [105]

Geben Sie zunächst den Titel des Klassenzimmers sowie die Klasse ein.

Sie können zudem die Titel der neu zu erstellenden Snacks festlegen oder einen Link von bereits erstellten Snacks aus Ihrer Sammlung einfügen.

Sie haben zudem die Möglichkeit, Kommentare durch die Lernenden zu den einzelnen Snacks zu erlauben.

Klicken Sie anschließend auf „Klassenzimmer erstellen".

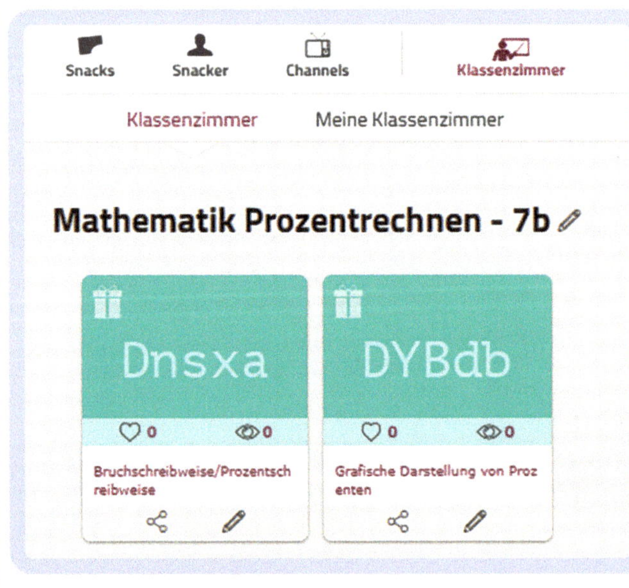

Abbildung: Learning Snacks, Codes [106]

Es werden nun Codes für die erstellten Snacks angezeigt. Die Lernenden können nun die Seite http://www.learningsnacks.de aufrufen und auf „Klassenzimmer" klicken.

Die Lernenden müssen sich dazu nicht auf Learning Snacks einloggen oder einen eigenen Account anlegen.

[105] https://www.learningsnacks.de/#/welcome (abgerufen am 04.03.2023)
[106] ebd. (abgerufen am 04.03.2023)

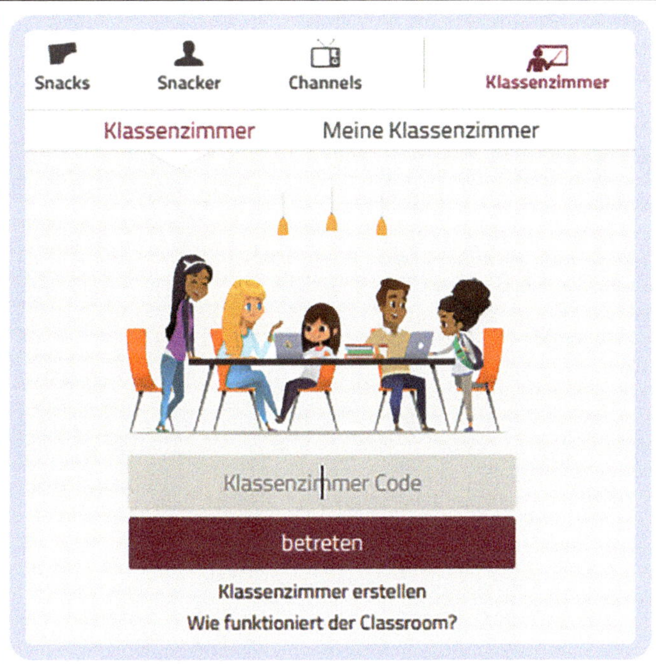

Abbildung: Learning Snacks, Schüleransicht[107]

Schüleransicht

Hier sehen Sie die Schüleransicht, in der der Code zu einem Learning Snack eingegeben werden kann.

Nach Eingabe des Codes gelangen die Lernenden zur Bearbeitungsseite.

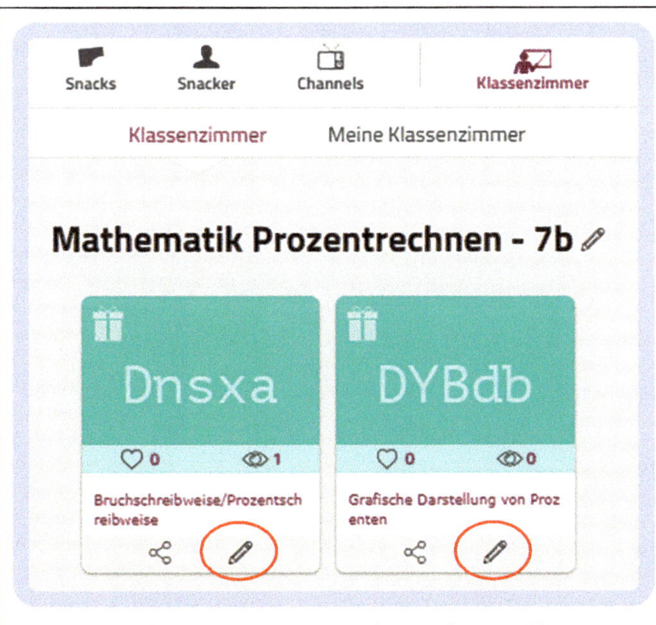

Abbildung: Learning Snacks, Bearbeitung[108]

Die Bearbeitung kann nun aktiviert werden, indem die Lernenden auf den Stift klicken. Dadurch öffnet sich die Seite für die Bearbeitung (vgl. **Abb. 110**).

[107] https://www.learningsnacks.de/#/welcome (abgerufen am 04.03.2023)
[108] ebd. (abgerufen am 04.03.2023)

Weitere Informationen erhalten Sie unter folgenden Links:

Video zum Erstellen von Learning Snacks https://ivi-education.de/video/learning-snacks-erstellen-fuer-schueler_innen/	
YouTube®-Video zum Erstellen von Learning Snacks https://www.youtube.com/watch?v=jqEyUVJ4Ufl	

4.3 Kahoot!® – Das Onlinequiz

Kahoot!® ist eine Webanwendung, die seit Jahren bei Lernenden als auch Lehrenden sehr beliebt ist. Quizfragen, die mittels Beamer an die Wand oder das Whiteboard projiziert werden, werden durch die Lernenden mittels eines Endgerätes beantwortet (Smartphone mit Internetzugang ist ausreichend). Dabei werden Unterrichtsinhalte zielgerichtet wiederholt, geübt und vertieft. Die Anwendung hat für Lernende ein sehr hohes Motivations- und Aktivierungspotenzial.

Die Plattform bietet kostenlose als auch Premiumvarianten an. Die kostenlose Variante reicht vollkommen aus, um Quizfragen mit Richtig/falsch-Funktion zu generieren.

Um Kahoot!® nutzen zu können, müssen Sie lediglich einen Account auf https://kahoot.com/de/kahoot-quiz-games/ erstellen.

Im Folgenden soll sich auf die Beschreibung auf das beispielhafte Erstellen eines einfachen Quizes beschränken.

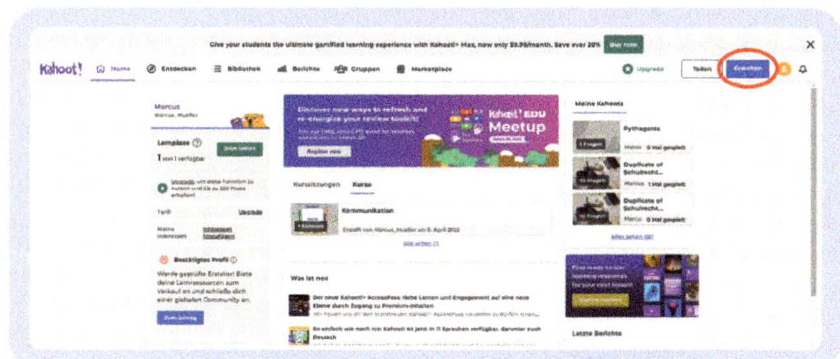

Abbildung: Kahoot!®, Startseite[109]

Nachdem Sie einen Account erstellt haben und die Basicversion ausgewählt haben, gelangen Sie zur Startseite.

Klicken Sie auf den blauen Button „Erstellen".

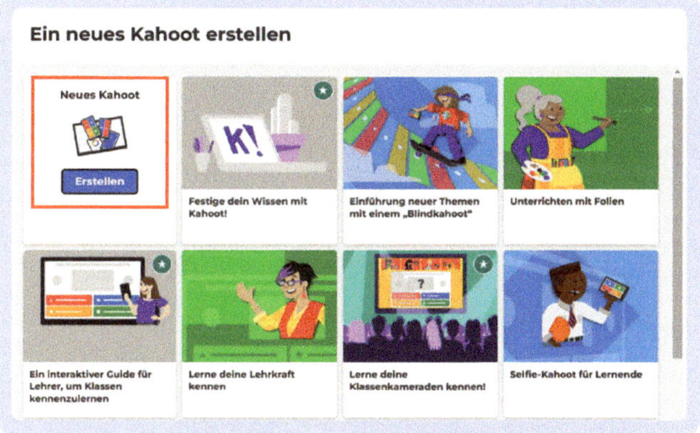

Abbildung: Kahoot!®, Neues Kahoot erstellen[110]

Klicken Sie anschließend auf das Dialogfeld „Kahoot" und es erscheint ein neues Fenster. Hier klicken Sie auf die Kachel „Neues Kahoot erstellen".

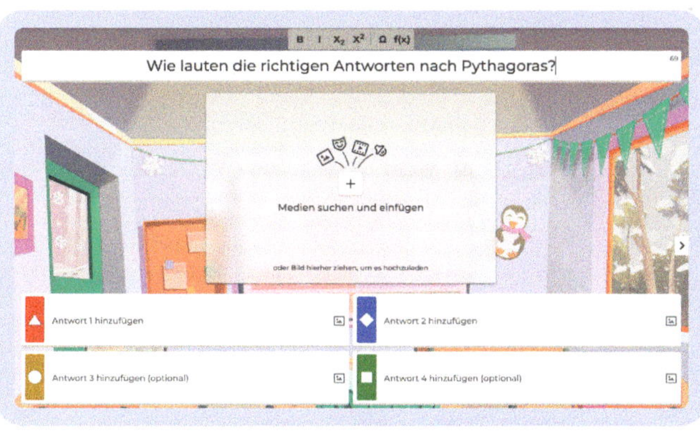

Abbildung: Kahoot!®, Antwortmöglichkeiten[111]

Fügen Sie nun Ihre Frage ein sowie Antwortmöglichkeiten.

Anschließend wählen Sie die richtige(n) Antwort(en) durch das Setzen eines Hakens aus.

[109] https://create.kahoot.it (abgerufen am 04.03.2023)
[110] ebd. (abgerufen am 04.03.2023)
[111] ebd. (abgerufen am 04.03.2023)

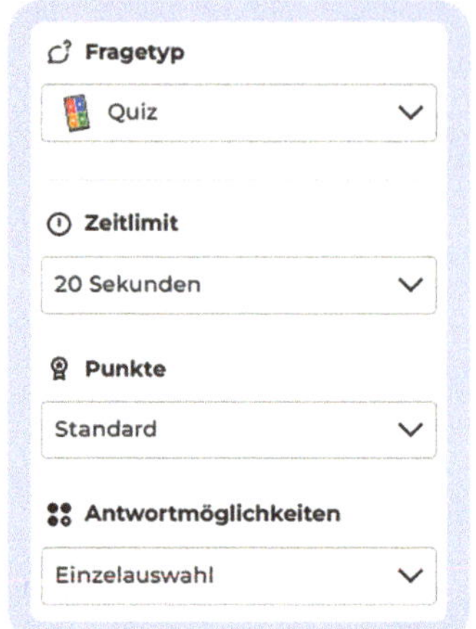

Abbildung: Kahoot!®, Einstellungen[112]

Sie haben zudem folgende Möglichkeiten der Einstellung:

- Fragetyp (Hier können Sie in der Basisversion zwischen „Quiz“ oder „Wahr oder falsch“ auswählen.)
- Einstellung des Zeitlimits für die Bearbeitung
- Vergabe von Punkten

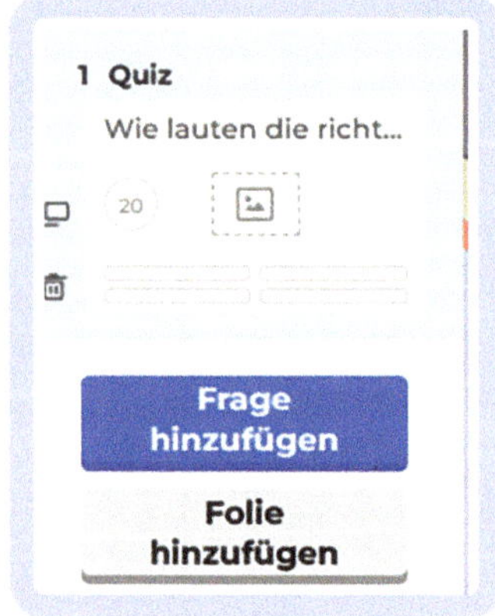

Abbildung: Kahoot!®, Fragen hinzufügen[113]

Auf der linken Seite Ihres Bildschirms können Sie Folien mit weiteren Fragen hinzufügen.

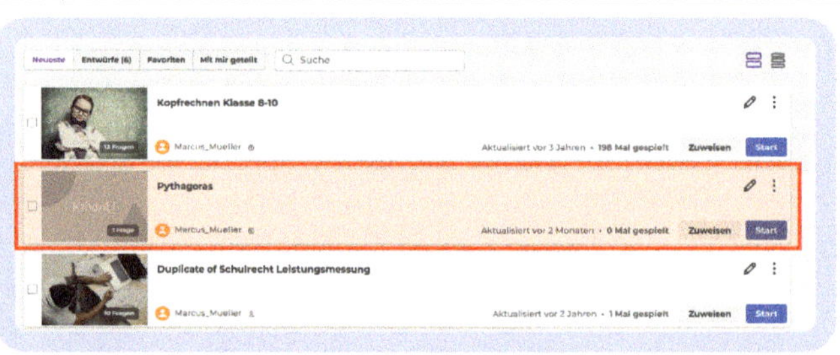

Abbildung: Kahoot!®, Bibliothek 8[114]

Sobald Sie auf „Speichern“ klicken, werden Sie aufgefordert, ihr Kahoot zu betiteln und optional zu beschreiben.

Anschließend erscheint Ihr erstelltes Quiz in Ihrer Bibliothek.

Hier können Sie es bearbeiten oder als Spiel starten, indem Sie auf den Butten „Start“ klicken.

---

[112] https://create.kahoot.it (abgerufen am 04.03.2023)
[113] ebd. (abgerufen am 04.03.2023)
[114] ebd. (abgerufen am 04.03.2023)

Abbildung: Kahoot!®, Spiel-PIN[115]

- Klicken Sie auf den Button „Start" und öffnet sich ein neuer Browsertab. Hier sehen Sie den Spiel-PIN, mit dem man sich auf der Website www.kahoot.it einloggen kann.
- eingeloggte Spielerinnen und Spieler sehen Sie dann auf Ihrem Fenster.

Weitere Informationen erhalten Sie unter folgenden Links:

YouTube®-Video: Beschreibung vom Einloggen bis zum Spielen https://www.youtube.com/watch?v=d9jwnsVKnaM	
YouTube®-Video zum Spielablauf https://www.youtube.com/watch?v=SoCuVmGzBm0	

[115] https://create.kahoot.it (abgerufen am 04.03.2023)

5 Kritisches Denken anbahnen

5.1 Der Faktencheck-Kurs

Die Internetseite „Fakten prüfen im Netz“ https://faktencheck.zlb.de/ ist eine webbasierte Anwendung der Zentral- und Landesbibliothek Berlin. Die Lernenden werden in einem Kurs angeleitet, Informationen aus dem Internet einzuordnen und zu bewerten.

Die Bearbeitungszeit des gesamten Kurses dauert ca. 30 Minuten. Die Lernenden lernen hier u.a.:

- eine Internetquelle zu überprüfen (z.B. durch den Wikipedia®-Trick)
- Informationen zu recherchieren
- eine verfälsche Quelle zum Original zurückzuverfolgen (z.B. durch die Bilderrückwärtssuche)

Im Anschluss haben die Lernenden die Möglichkeit, Ihre gewonnen Erkenntnisse zu überprüfen.

5.2 Das Spiel „Fake It To Make It“: Werde selbst Täterin/Täter!

Mit dem webbasierten Strategiespiel „Fake It To Make It“ (https://fakeittomakeit.de) lernen die Schülerinnen und Schüler die gesellschaftlichen Auswirkungen von Fake News kennen. Das Spiel kann jederzeit unterbrochen werden, da der Spielstand automatisch gespeichert wird.

In diesem Spiel schlüpfen die Lernenden selbst in die Rolle eines Verbreiters / einer Verbreiterin von Fake News. Ziel ist es, auf einer selbst generierten Internetseite Fake News zu veröffentlichen, um dadurch möglichst viel Geld durch Klicks und Likes zu verdienen und ein im Vorfeld selbst gewähltes finanzielles Ziel zu erreichen.

Die Lernenden sollen dadurch sensibilisiert werden, wie und warum Falschmeldungen gezielt geschrieben und verbreitet werden.

Zudem lernen die Spielenden schnell, welche Mechanismen hinter Fake News stecken und dass Emotionen ein wichtiger Faktor sind. Das Spiel sollte im Rahmen des Unterrichts pädagogisch begleitet werden. Die Fächer Politik, Gesellschafts- und Sachkunde sowie Ethik bieten sich hier an. Das Strategiespiel ist eher für höhere Jahrgangsstufen geeignet (Klassen 9 und 10).

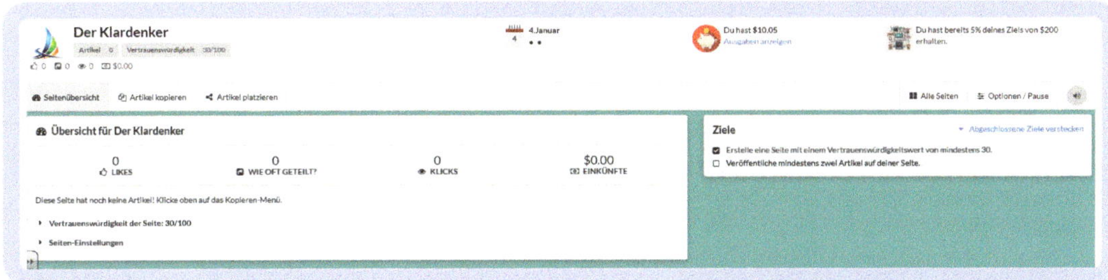

Abbildung: Fake It To Make It[116]

Zum Ablauf:

Nachdem das Spiel gestartet wurde, werden die Lernenden zunächst gebeten, den Vornamen einzugeben, sich eine virtuelle Begleitung durch das Spiel auszusuchen und einen fiktiven Kaufwunsch zu nennen (Musikgeräte, Wohnungskaution, gebrauchtes Auto).

Anschließen können die Lernenden Artikel zu unterschiedlichen Themen auswählen (kopieren) und sie auf Internetseiten und sozialen Netzwerken veröffentlichen.

Erkenntnis: Je öfter ein Artikel in geeigneten Social-Media-Gruppen und geteilt und gepostet wird, umso höher ist die Anzahl der Likes und die dadurch generierten Einnahmen.

Auf der Internetseite www.spielbar.de/150166 finden Sie zudem Arbeitsmaterialien zum freien Download (Handreichung, Arbeitsblätter, Beispiele zum Einstieg in das Thema Fake News).

Weiterführende Informationen zum Spiel erhalten Sie hier:

YouTube®-Tutorial zum Spiel https://www.youtube.com/watch?v=wh1QNbYj6KM	

[116] https://fakeittomakeit.de (abgerufen am 04.03.2023)

5.3 Actionbound® „Im Bunker der Lügen"

„Im Bunker der Lügen" ist ein interaktives Spiel für Jugendliche, das mit allen Mobilgeräten mit der kostenlosen App Actionbound® spielbar ist. Diese kann über den Google® Play Store oder den Apple® App Store heruntergeladen werden.

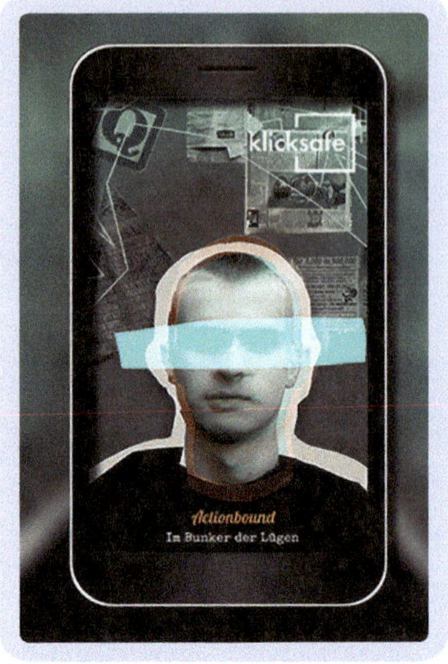

Abbildung: Actionbound[117]

Im Actionbound®-Spiel „Im Bunker der Lügen" lernen Jugendliche, Verschwörungserzählungen und Fake News zu enttarnen. Sie treffen auf den Verschwörungsideologen Y, der ihnen von der Existenz eines geheimen Bunkers unter dem Bundestag berichtet, in dem sich „dunkle Machenschaften" vollziehen. Als Beweis dient ein obskurer Blogeintrag. K, die sich mit der Verbreitung von Falschmeldungen und Verschwörungserzählungen beschäftigt, hält dagegen und fordert die Spielenden in mehreren Aufgaben auf, den Wahrheitsgehalt von Quellen zu bewerten. Wem geht am Ende ein Licht auf?[118]

Das Spiel dauert ca. 25 Minuten und behandelt Themen wie Falschmeldungen und Verschwörungserzählungen.

Dabei werden die Lernenden auf ansprechende und motivierende Weise mit folgenden Themen konfrontiert:

- Wer steckt hinter einer Webseite?
- Wie findet man den Ursprung eines Bildes im Netz heraus?
- Welche Gefühle werden durch Fake News ausgelöst?
- Wie entstehen Verschwörungstheorien?

Durch nebenstehenden QR-Code gelangen Sie direkt zum Spiel „Im Bunker der Lügen".

Weiterführende Informationen erhalten Sie unter folgendem Link:

Webseite Klicksafe „Im Bunker der Lügen" https://www.klicksafe.de/materialien/actionbound-im-bunker-der-luegen	

[117] https://www.klicksafe.de/news/interaktives-spiel-zu-verschwoerungstheorien-im-bunker-der-luegen (abgerufen am 04.03.2023)

[118] https://www.klicksafe.de/materialien/actionbound-im-bunker-der-luegen, (abgerufen am 29.01.2023)

6 Künstliche Intelligenz effektiv nutzen: ChatGPT® – Möglichkeiten und Grenzen

Was ist ChatGPT®? Wie funktioniert ChatGPT®?

ChatGPT® ist eine Anwendung der künstlichen Intelligenz (KI) in Form eines Chatbots. Diese KI ist auf eine große Menge von Texten aus dem Internet trainiert worden und kann auf Grundlage zielgerichteter Fragestellung eine Vielzahl an Themen und Fragen beantworten.

Unter dem Link https://openai.com/blog/ChatGPT/ gelangen Sie zur kostenfreien Anwendung. Hier können Sie nach Erstellung eines Accounts die Webanwendung sofort nutzen. Die Oberfläche ist zwar in englischer Sprache, jedoch erkennt der Chatbot automatisch jede Sprache, in der Sie mit dem System kommunizieren.

6.1 Möglichkeiten im schulischen Einsatz

a) Für die Lehrenden

Hilfe bei der Planung von Unterrichtsstunden

- ➔ Komplexe Texte vereinfachen: Die Software ist in der Lage, komplizierte Sachtexte in eine stark vereinfachte Sprache umzuwandeln. Zudem können Sie automatisch einen Lückentext oder einen Test generieren lassen.
- ➔ einfache Erstellung von adressatenorientiertem Unterrichtsmaterial (Texte und Aufgaben)
- ➔ Erstellung von personalisierten Übungen mit einfacher Möglichkeit der Differenzierung
- ➔ Unterstützung bei der Textanalyse und Textproduktion
- ➔ automatisierte Überprüfung von Faktenwissen zu allen schulischen und außerschulischen Themen
- ➔ automatisierte Überprüfung von Rechtschreibung und Grammatik
- ➔ Übersetzung von Texten und Schulmaterial (v. a. für die Arbeit mit Eltern, die kein oder nur wenig Deutsch sprechen)
- ➔ Entwicklung und Anbahnung der Medienkompetenz der Lernenden
- ➔ Interviews mit Expertinnen und Experten simulieren lassen

Beispielchat mit ChatGPT® zur Erstellung von Aufgaben zur Lektüre „Sonne und Beton"

Erstelle Aufgaben zum Inhalt der Lektüre Sonne und Beton für Schüler der 8. Jahrgangsstufe

Aufgabe 1:
Lies den Textauszug aus "Sonne und Beton" und beschreibe die Probleme, die die Bewohner der Plattenbauten in den 1960er Jahren hatten.

Textauszug: "In den 1960er Jahren wurden viele Plattenbauten errichtet. Die Menschen, die dort wohnten, hatten viele Probleme. Die Wohnungen waren oft klein und dunkel. Es gab keinen Platz zum Spielen und die Häuser waren oft laut und ungemütlich. Es gab auch Probleme mit der Isolierung, so dass es im Winter sehr kalt und im Sommer sehr heiß war."

Aufgabe 2:
Erkläre, wie die Situation der Bewohner von Plattenbauten heute ist. Nenne mindestens drei Unterschiede im Vergleich zu den 1960er Jahren.

Aufgabe 3:
Untersuche die Vor- und Nachteile von Plattenbauten im Vergleich zu anderen Arten von Wohnhäusern. Erstelle eine Liste mit mindestens drei Vor- und drei Nachteilen von Plattenbauten.

Aufgabe 4:
Verfasse eine kurze Erzählung aus der Sicht eines Bewohners eines Plattenbaus. Beschreibe das Leben in einem Plattenbau aus seiner Perspektive. Denke dabei auch an die Vor- und Nachteile des Wohnens in einem solchen Gebäude.

Aufgabe 5:
Diskutiere in einer Gruppe über die Zukunft der Plattenbauten. Sollten sie abgerissen oder renoviert werden? Erkläre deine Meinung und argumentiere dafür. Überlege auch, welche Lösungen es geben könnte, um die Lebensqualität der Bewohner von Plattenbauten zu verbessern.

Abbildung: ChatGPT®, Beispielchat, Lektüre[119]

Im selben Chatverlauf wurde ChatGPT® gebeten, einfachere Aufgaben zu generieren:

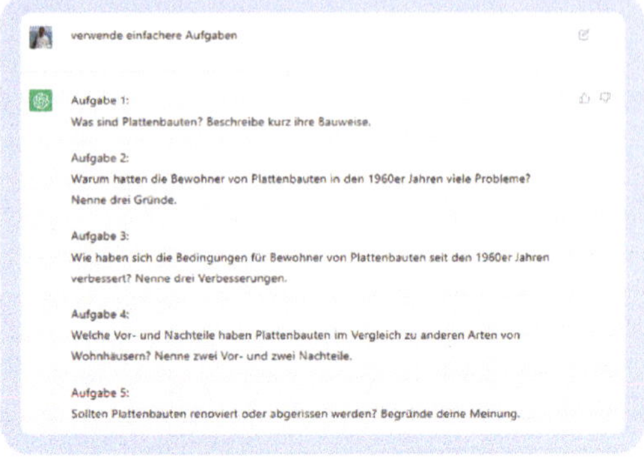

verwende einfachere Aufgaben

Aufgabe 1:
Was sind Plattenbauten? Beschreibe kurz ihre Bauweise.

Aufgabe 2:
Warum hatten die Bewohner von Plattenbauten in den 1960er Jahren viele Probleme? Nenne drei Gründe.

Aufgabe 3:
Wie haben sich die Bedingungen für Bewohner von Plattenbauten seit den 1960er Jahren verbessert? Nenne drei Verbesserungen.

Aufgabe 4:
Welche Vor- und Nachteile haben Plattenbauten im Vergleich zu anderen Arten von Wohnhäusern? Nenne zwei Vor- und zwei Nachteile.

Aufgabe 5:
Sollten Plattenbauten renoviert oder abgerissen werden? Begründe deine Meinung.

Abbildung: ChatGPT®, Beispielchat, Aufgaben vereinfachen[120]

Beispiel-Chatverlauf zur Erstellung eines Infotextes zum Thema „Erdbeben" sowie der Erstellung eines Lückentextes und eines Tests dazu

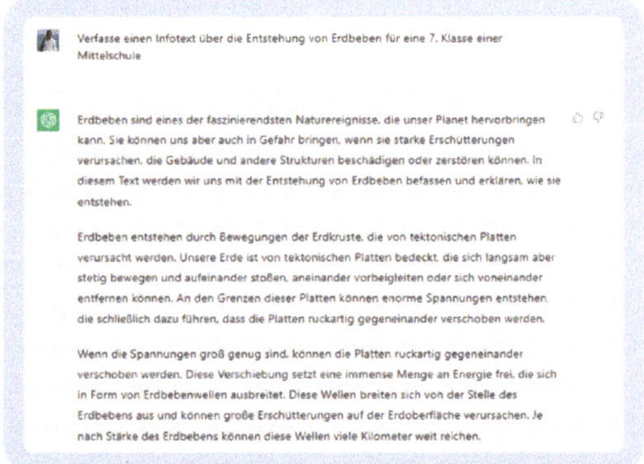

Verfasse einen Infotext über die Entstehung von Erdbeben für eine 7. Klasse einer Mittelschule

Erdbeben sind eines der faszinierendsten Naturereignisse, die unser Planet hervorbringen kann. Sie können uns aber auch in Gefahr bringen, wenn sie starke Erschütterungen verursachen, die Gebäude und andere Strukturen beschädigen oder zerstören können. In diesem Text werden wir uns mit der Entstehung von Erdbeben befassen und erklären, wie sie entstehen.

Erdbeben entstehen durch Bewegungen der Erdkruste, die von tektonischen Platten verursacht werden. Unsere Erde ist von tektonischen Platten bedeckt, die sich langsam aber stetig bewegen und aufeinander stoßen, aneinander vorbeigleiten oder sich voneinander entfernen können. An den Grenzen dieser Platten können enorme Spannungen entstehen, die schließlich dazu führen, dass die Platten ruckartig gegeneinander verschoben werden.

Wenn die Spannungen groß genug sind, können die Platten ruckartig gegeneinander verschoben werden. Diese Verschiebung setzt eine immense Menge an Energie frei, die sich in Form von Erdbebenwellen ausbreitet. Diese Wellen breiten sich von der Stelle des Erdbebens aus und können große Erschütterungen auf der Erdoberfläche verursachen. Je nach Stärke des Erdbebens können diese Wellen viele Kilometer weit reichen.

Abbildung: ChatGPT®, Beispielchat, Infotext generieren[121]

[119] https://chat.openai.com/chat (abgerufen am 04.03.2023)
[120] ebd. (abgerufen am 04.03.2023)
[121] ebd. (abgerufen am 04.03.2023)

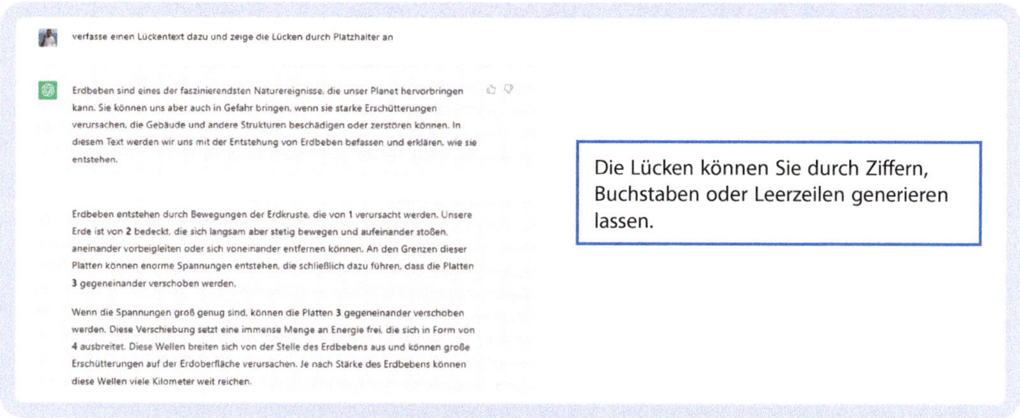

Abbildung: ChatGPT®, Lückentext generieren[122]

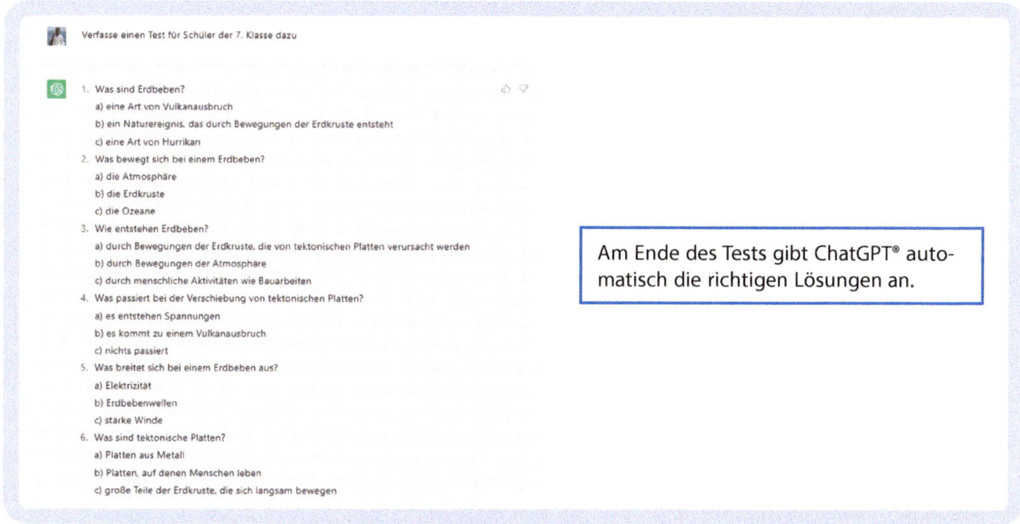

Abbildung: ChatGPT®, Test generieren[123]

b) Für die Lernenden

- ➔ kostenlose Hilfe bei Problemen durch Beantwortung von Fragen (z. B. bei Hausaufgaben) sowie der Möglichkeit, zu bestimmten Themen zu üben
- ➔ Bereitstellung von Informationen zu schulischen Themen (z. B. bei Referaten)
- ➔ ChatGPT® kann die Lernenden bei der Lösung von Mathematikaufgaben unterstützen, indem es ihnen Schritt-für Schritt-Anweisungen gibt und Hinweise bereitstellt
- ➔ Ergebnisse können der Ideensammlung dienlich sein

[122] https://chat.openai.com/chat (abgerufen am 04.03.2023)
[123] ebd. (abgerufen am 04.03.2023)

- Unterstützung bei der Übersetzung von unbekannten Wörtern (z. B. DaZ-Unterricht)
- Unterstützung bei der Textanalyse, dem Textverständnis und der Interpretation
- automatisierte Überprüfung von Faktenwissen
- Förderung der Medienkompetenz

Beispiel-Chatverlauf zur Erklärung des Satz des Pythagoras

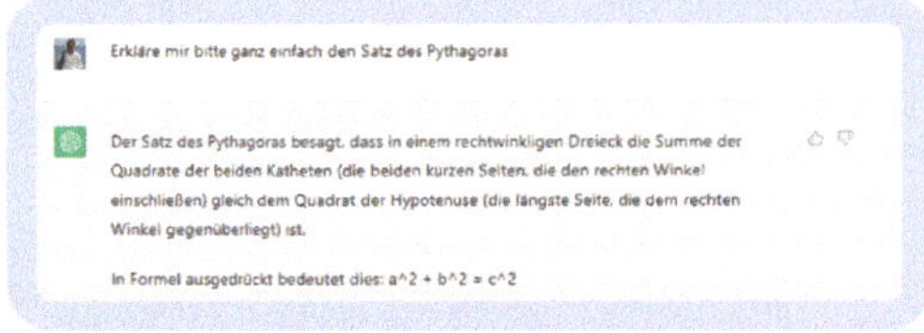

Abbildung: ChatGPT®, Erklärung anfordern[124]

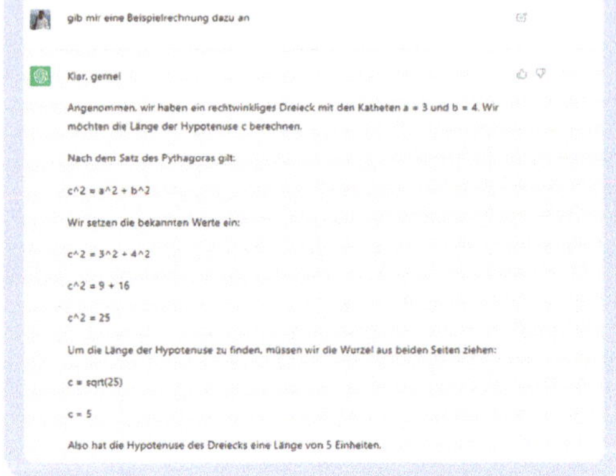

Abbildung: ChatGPT®, Beispielrechnung[125]

6.2 Grenzen des Einsatzes von ChatGPT®

- Die Ergebnisse sind abhängig von der Qualität der Daten, auf die der Chatbot „trainiert" wurde. Es kann daher zu Fehlern oder unangemessenen Antworten kommen.
- Die Ergebnisse sind abhängig von einer korrekten und zielgerichteten Formulierung der Fragen.
- Die durch den Chatbot generierten Antworten sollten stets durch die Lehrkraft auf inhaltliche Richtigkeit hin überprüft werden.
- eingeschränkte Simulation von Emotionen und sozialen Interaktionen
- Die generierten Informationen sind nur textbasiert und sprachliche Fehler sind möglich.
- Der Chatbot ist als ein Werkzeug zu verstehen, das in gut ausgewählten Bereichen zum Einsatz kommen sollte.
- Es besteht die Gefahr, dass die Lernenden vorschnell auf die Informationen des Chatbots zurückgreifen, ohne eigenständig nach Lösungsansätzen zu suchen.
- Die Problemlösekompetenz wird eher einseitig gefördert.

[124] https://chat.openai.com/chat (abgerufen am 04.03.2023)
[125] ebd. (abgerufen am 04.03.2023)

Auf die Frage an den ChatGPT® selbst, worauf Sie als Lehrkraft achten müssen, wenn Sie sich von dem Chatbot unterstützen lassen, gibt das System folgende Tipps:

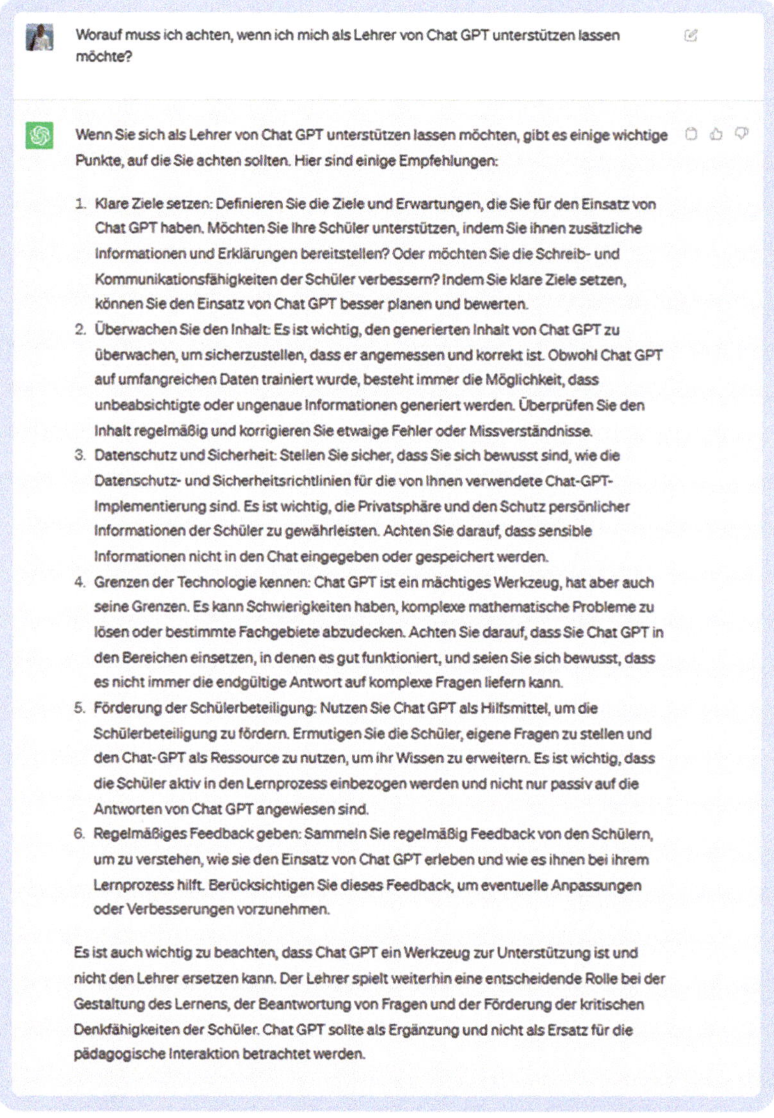

Worauf muss ich achten, wenn ich mich als Lehrer von Chat GPT unterstützen lassen möchte?

Wenn Sie sich als Lehrer von Chat GPT unterstützen lassen möchten, gibt es einige wichtige Punkte, auf die Sie achten sollten. Hier sind einige Empfehlungen:

1. Klare Ziele setzen: Definieren Sie die Ziele und Erwartungen, die Sie für den Einsatz von Chat GPT haben. Möchten Sie Ihre Schüler unterstützen, indem Sie ihnen zusätzliche Informationen und Erklärungen bereitstellen? Oder möchten Sie die Schreib- und Kommunikationsfähigkeiten der Schüler verbessern? Indem Sie klare Ziele setzen, können Sie den Einsatz von Chat GPT besser planen und bewerten.
2. Überwachen Sie den Inhalt: Es ist wichtig, den generierten Inhalt von Chat GPT zu überwachen, um sicherzustellen, dass er angemessen und korrekt ist. Obwohl Chat GPT auf umfangreichen Daten trainiert wurde, besteht immer die Möglichkeit, dass unbeabsichtigte oder ungenaue Informationen generiert werden. Überprüfen Sie den Inhalt regelmäßig und korrigieren Sie etwaige Fehler oder Missverständnisse.
3. Datenschutz und Sicherheit: Stellen Sie sicher, dass Sie sich bewusst sind, wie die Datenschutz- und Sicherheitsrichtlinien für die von Ihnen verwendete Chat-GPT-Implementierung sind. Es ist wichtig, die Privatsphäre und den Schutz persönlicher Informationen der Schüler zu gewährleisten. Achten Sie darauf, dass sensible Informationen nicht in den Chat eingegeben oder gespeichert werden.
4. Grenzen der Technologie kennen: Chat GPT ist ein mächtiges Werkzeug, hat aber auch seine Grenzen. Es kann Schwierigkeiten haben, komplexe mathematische Probleme zu lösen oder bestimmte Fachgebiete abzudecken. Achten Sie darauf, dass Sie Chat GPT in den Bereichen einsetzen, in denen es gut funktioniert, und seien Sie sich bewusst, dass es nicht immer die endgültige Antwort auf komplexe Fragen liefern kann.
5. Förderung der Schülerbeteiligung: Nutzen Sie Chat GPT als Hilfsmittel, um die Schülerbeteiligung zu fördern. Ermutigen Sie die Schüler, eigene Fragen zu stellen und den Chat-GPT als Ressource zu nutzen, um ihr Wissen zu erweitern. Es ist wichtig, dass die Schüler aktiv in den Lernprozess einbezogen werden und nicht nur passiv auf die Antworten von Chat GPT angewiesen sind.
6. Regelmäßiges Feedback geben: Sammeln Sie regelmäßig Feedback von den Schülern, um zu verstehen, wie sie den Einsatz von Chat GPT erleben und wie es ihnen bei ihrem Lernprozess hilft. Berücksichtigen Sie dieses Feedback, um eventuelle Anpassungen oder Verbesserungen vorzunehmen.

Es ist auch wichtig zu beachten, dass Chat GPT ein Werkzeug zur Unterstützung ist und nicht den Lehrer ersetzen kann. Der Lehrer spielt weiterhin eine entscheidende Rolle bei der Gestaltung des Lernens, der Beantwortung von Fragen und der Förderung der kritischen Denkfähigkeiten der Schüler. Chat GPT sollte als Ergänzung und nicht als Ersatz für die pädagogische Interaktion betrachtet werden.

Abbildung: ChatGPT®, Tipps zur Unterstützung von Lehrkräften[126]

[126] https://chat.openai.com/chat (abgerufen am 21.06.2023)

Weitere Informationen erhalten Sie unter folgenden Links:

ChatGPT®: Möglichkeiten und Risiken für die Schule https://www.thomasfelzmann.at/ChatGPT®-chancen-und-risiken-fuer-den-unterricht/	
YouTube®-Video zu ChatGPT® https://www.youtube.com/watch?v=uKxB5oD-3Yg&t=4s	
YouTube®-Video „ChatGPT® for teachers" https://www.youtube.com/watch?v=QmMEjvGgf50	

Jederzeit optimal vorbereitet in den Unterricht?

»